초보자를 위한

한국어-이탈리아어 단어장

초판 인쇄 : 2012년 5월 20일
초판 발행 : 2012년 5월 25일
저　　자 : 이 기 철
발 행 인 : 서 덕 일
발 행 처 : 도서출판 문예림
등　　록 : 1962. 7. 12   제2-110호
주　　소 : 서울시 광진구 군자동 1-13 문예하우스 101호
전　　화 : (02)499-1281~2
팩　　스 : (02)499-1283
http://www.bookmoon.co.kr
E-mail:book1281@hanmail.net

ISBN 978-89-7482-596-6 (13790)

＊저자와 협의에 의해 인지를 생략합니다．

유럽으로 여행을 떠나는 사람이라면 반드시 들리고 싶고, 들려야 하는 곳이 이탈리아이다. 왜냐하면 이탈리아는 유럽 역사와 문화의 중심이며 인간이 창조해 놓은 수많은 걸작이 오늘 날까지 살아 숨쉬고 있는 거대한 박물관이기 때문이다.

우리가 흔히 말하는 '이탈리아'라는 나라의 역사는 그리 길지 않다. 이탈리아가 통일을 이룬 해가 1861년이기 때문이다. 이탈리아 통일이 완성되기 전까지 '이탈리아'가 의미하는 것은 단지 알프스 산맥 이남의 장화 모양으로 생긴 모양의 땅이었으며, 서로마 제국이 멸망한 해인 476년부터 1861년까지 이탈리아 반도에는 수많은 도시국가가 존재했기 때문이다. 이러한 이유로 이탈리아는 다양성과 독창성을 동시에 지니고 있는 나라이다.

여러 문화 중에서 까푸치노, 스빠게띠 등의 이탈리아 음식 문화는 이미 우리에게 매우 친숙한 존재가 되었고, 패션과 디자인 분야 또한 우리의 삶 속에 스며든 지 오래이다. 이탈리아의 다양한 문화가 우리에게 소개됨에 따라 이탈리아인들이 사용하는 언어 또한 자연스럽게 우리에게 알려졌다.

이 책 속에 일상생활에서 필수적인 이탈리아어 기본 단어들을 한글 발음과 함께 소개하였다. 이 작은 책이 이탈리아어를 처음 공부하는 분들에게 뿐만 아니라, 이탈리아로 여행을 떠나는 분들에게 유용한 도구가 되길 바란다.

2012년 3월. 이기철

차례

머리말	3
ㄱ	5
ㄴ	35
ㄷ	43
ㄹ	56
ㅁ	59
ㅂ	72
ㅅ	90
ㅇ	117
ㅈ	147
ㅊ	167
ㅋ	176
ㅍ	181
ㅌ	186
ㅎ	194
부록	205

ㄱ

가게	il negozio 일 네고찌오
가격	il prezzo 일 쁘렛쪼
가까운	vicino 비치노
가깝다	essere vicino 엣세레 비치노
가난	la povertà 라 뽀베르따
가격표	il listino del prezzo 일 리스띠노 델 쁘렛쪼
가구	il mobile / l'armadio 일 모빌레 / 라르마디오
가구가 비치된	arredato / ammobiliato 아레다또 / 암모빌리아또
가구점	il negozio dei mobili 일 네고찌오 데이 모빌리
가끔	ogni tanto / talvolta 온니 딴또 / 딸볼따
가능하다면	se possibile 세 뽀씨빌레
가난하다	essere povero 에쎄레 뽀베로
가난한	povero 뽀베로
가는, 가느다란	fine 피네
가능성	la possibilità 라 뽀씨빌리따
가능하다	essere possibile 에쎄레 뽀씨빌레
가능한	possibile 뽀시빌레
가다	andare 안다레

가려움	il prurito 일 쁘루리또	가뭄	la siccità 라 시치따
가루	la polvere 일 뽈베레	가발	la parrucca 라 빠루까
가르마	la riga 라 리가	가방	la borsa 라 보르사
가르치다	insegnare 인세냐레	가벼운	leggero 레제로
가르키다	indicare 인디까레	가솔린	la benzina 라 벤지나
가면	la maschera 라 마스께라	가스	il gas 일 가스

가능한한 빨리	al più presto possibile 알 쀼 쁘레스또 뽀씨빌레
가득 차 있다	essere pieno 에쎄레 삐에노
가루비누	il sapone di polvere 일 사뽀네 디 뽈베레
가리다(숨기다)	nascondere 나스꼰데레
가리비(조개류)	la capasanta 라 까빠산따
가사 도우미	la governante 라 고베르난떼
가수	il cantante(남자)/ la cantante(여자) 일 깐딴떼/라 깐딴떼

가슴	il petto 일 뻿또	가정(家庭)	la famiglia 라 파밀리아
가습기	l'umidificatore 루미디피까또레	가정하다	ipotizzare 이뽀띠자레
가시	la spina 라 스피나	가져오다	portare 뽀르따레
가운데에	al centro 알 첸뜨로	가족	la famiglia 라 파밀리아
가운뎃손가락	il medio 일 메디오	가죽	la pelle / il cuoio 라 뻴레/일 꾸오요
가위	le forbici 레 포르비치	가지(나무의)	il ramo 일 라모
가을	l'autunno 라우뚠노	가지(야채)	la melanzana 라 멜란자나
가입하다	iscriversi 이스끄리베르시	가지다	avere 아베레
가정(假定)	l'ipotesi 리뽀떼지	가지치기	la potatura 라 뽀따뚜라

가스레인지	il fornello a gas 일 포르넬로 아 가스
가장(가족)	il capofamiglia(남자)/la capofamiglia(여자) 일 까뽀파밀리아 / 라 까뽀파밀리아
가전제품	l'elettrodomestico 렐레뜨로도메스띠꼬
가져가다	prendere / portare 쁘렌데레/뽀르따레

한국어	이탈리아어	한국어	이탈리아어
가짜의	falso 팔소	간섭하다	intervenire 인떼르베니레
가치	il valore 일 발로레	간식	la merenda 라 메렌다
가치있는	valido 발리도	간염(의학)	l'epatite 레빠띠떼
각자	ognuno 오뉴노	간장	la salsa di soia 라 살사 디 소이아
간	il fegato 일 페가또	간접의	indiretto 인디렛또
간격	la distanza 라 디스딴자	간청하다	pregare 쁘레가레
간단한	semplice 셈쁠리체	간통	l'adulterio 라둘떼리오

가축 — l'animale domestico 라니말레 도메스띠꼬

각자 부담하다 — pagare alla romana 빠가레 알라 로마나

간식을 먹다 — fare la merenda 파레 라 메렌다

간접목적보어 — il complemento oggetto indiretto 일 꼼쁠레멘또 오젯또 인디렛또

간접적으로 — indirettamente 인디레따멘떼

간호원 — l'infermiere(남자) / l'infermiera(여자) 린페르미에레 / 린페르미에라

한국어	이탈리아어	한국어	이탈리아어
간판	l'insegna 린세냐	감기	il raffreddore 일 라프레도레
갈대	la canna 라 깐나	감독	l'allenatore 랄레나또레
갈색의	marrone 마로네	감동	l'emozione 레모찌오네
갈아타기	il trasferimento 일 뜨라스페리멘또	감미료	il dolcificante 일 돌치피깐떼
갈아타다	cambiare 깜비아레	감사합니다.	Grazie! 그라찌에
갈증	la sete 라 세떼	감소하다	diminuire 디미누이레
감(과일)	il caco 일 까꼬	감옥	la prigione 라 쁘리죠네
감각	il senso 일 센소	감자	la patata 라 빠따따
감기약	la medicina per raffreddore 라 메디치나 뻬르 라프레도레		
감사	il ringraziamento 일 링그라찌아멘또		
감염되다	essere contaminato 엣세레 꼰따미나또		
감정	il sentimento / la senzazione 일 센띠멘또 / 라 센사찌오네		
감자튀김	la pattatina fritta 라 빠따띠나 프릿따		

한국어	이탈리아어	한국어	이탈리아어
갑시다	**Andiamo!** 안디아모!	강장제	**il ricostituente** 일 리꼬스띠뚜엔떼
값	**il prezzo** 쁘렛쪼	강조하다	**sottolineare** 소또리네아레
값이 비싼	**caro** 까로	강한	**forte** 포르떼
값이 싼	**basso** 바쏘	갚다	**ripagare** 리빠가레
강(江)	**il fiume** 일 퓨메	개(동물)	**il cane** 일 까네
강낭콩	**il fagiolo bianco** 일 파죨로 비앙꼬	개관적인	**oggettivo** 오젯띠보
강도	**il rapinatore** 일 라삐나또레	개구리	**la rana** 라 라나
강력한	**potente** 뽀뗀떼	개념	**il concetto** 일 꼰쳇또
강수량	**la piovosità** 라 삐오보시따	개미	**la formica** 라 포르미까

감탄사(문법)	**l'interiezione** 린떼리에찌오네
갑자기	**ad un tratto / improvvisamente** 아둔 뜨랏또 / 임쁘로비자멘떼
값이 적당한	**ragionevole** 라죠네볼레
갓난아이	**il bimbo**(남자) **/ la bimba**(여자) 일 빔보 / 라 빔바

한국어	이탈리아어	한국어	이탈리아어
개인	l'individuo 린디비두오	거절하다	rifiutare 리퓨따레
개최하다	organizzare 오르가니짜레	거주자	l'abitante 라비딴떼
객실	la stanza 라 스딴자	거주하다	abitare 아비따레
거기	là / lì 라/리	거지	il mendicante 일 멘디깐떼
거리	la strada / la via 라 스뜨라다/ 라 비아	거짓말	la bugia 라 부지아
거부하다	rifiutare 리피우따레	거짓말쟁이	il bugiardo 일 부쫘르도
거북이	la tartaruga 라 따르따루가	거짓말하다	mentire 멘띠레
거스름돈	gli spiccioli 리 스피숄리	거품	la schiuma 라 스끼우마
거실	il soggiorno 일 소죠르노	걱정스런	preoccupato 쁘레오꾸빠또
거울	lo specchio 로 스뻬끼오	걱정하다	preoccuparsi 쁘레오꾸빠르시
거위	l'oca 로까	건강	la salute 라 살루떼
거의	quasi 꽈지	건강한	sano 사노
걱정	la preoccupazione 라 쁘레오꾸빠지오네		

한국어	이탈리아어	한국어	이탈리아어
건기	la stagione secca 라 스따죠네 세까	건축	l'architettura 라르끼떼뚜라
건너가다	attraversare 아뜨라베르사레	건축가	l'architetto 라르끼떼또
건드리다	toccare 또까레	걷다	camminare 깜미나레
건배!	Salute! 살룻떼!	걸레	lo straccio 로 스뜨라쵸
건설	la costruzione 라 꼬스뜨루찌오네	검(무기)	la spada 라 스빠다
건설하다	costruire 꼬스뜨루이레	검사(檢事)	il procuratore 일 쁘로꾸라또레
건조기	l'asciugatrice 라슈가뜨리체	검사하다	esaminare 에자미나레
건널목	il passaggio pedonale 일 빠사죠 뻬도날레		
건물	il palazzo / l'edificio 일 빨랏쪼 / 레디피쵸		
건전지	la pila / la batteria 라 삘라 / 라 바떼리아		
걸어갑시다!	Andiamo a piedi! 안디아모 아 삐에디!		
검사(檢查), 조사	l'osservazione / l'esame 로세르바찌오네/레자메		
검역소	la stazione di quarantena 라 스따지오네 디 꽈란떼나		

한국어	이탈리아어	한국어	이탈리아어
검은 색의	nero 네로	격언	il proverbio 일 쁘로베르비오
검표원(기차)	il controllore 일 꼰뜨롤로레	격의 없는	confidenziale 꼰피덴지알레
겉표지	la copertina 라 꼬뻬르띠나	견고한	resistente 레지스뗀떼
게	il granchio 일 그란끼오	견디다	resistere 레지스떼레
게으른	pigro 삐그로	견디다	sopportare 소뽀르따레
게으름뱅이	il pigro 일삐그로	견본	il campione 일 깜삐오네
게임	il gioco 일 죠꼬	견인	il rimorchio 일 리모르끼오
겨울	l'inverno 린베르노	견적	il preventivo 일 쁘레벤띠보
겨자	la senape 라 세나뻬	결과	il risultato 일 리즐따또
격식적인	formale 포르말레	결국	infine 인피네
겨울 방학	le vacanze invernali 레 바깐제 인베르날리		
견인하다	trainare / rimorchiare 뜨라이나레 / 리모르끼아레		
게살	la polpa di granchio 라 뽈빠 디 그란끼오		

한국어	이탈리아어	한국어	이탈리아어
결근	l'assenza 라쎈자	결점	il difetto 일 디펫또
결론	la conclusione 라 꼰끌루지오네	결정	la decisione 라 데치지오네
결승전	la partita finale 라 빠르띠따 피날레	결정을 하다	decidere 데치데레
결심	la decisione 라 데치지오네	결합	l'unificazione 루니피까찌오네
결심하다	decidere 데치데레	결핵	la tubercolosi 라 뚜베르꼴로지

결코 ~이 아니다	non ~ mai 논~마이
결혼 생활	la vita matrimoniale 라 비따 마뜨리모니알레
결혼 케이크	la torta nuziale 라 또르따 누찌알레
결혼 피로연	il pranzo di nozze 일 쁘란조 디 놋제
결혼식	la cerimonia matrimoniale 라 체리모냐 마뜨리모니알레
경공업	l'industria leggera 린두스뜨리아 레제라
경기 결과	il risultato della partita 일 리줄따또 델라 빠르띠따
경기(景氣)	la situazione economica 라 시뚜아지오네 에꼬노미까

결혼	il matrimonio 일 마뜨리모니오
결혼하다	sposarsi 스뽀자르시
겸손한	modesto 모데스또
경계선	la frontiera 라 프론띠에라
경기장	lo stadio 로 스따디오
경비원	la guardia 라 과르디아
경사진	inclinato 인끌리나또
경연대회	il concorso 일 꼰꼬르소
경영	la gestione 라 제스띠오네
경영하다	gestire 제스띠레
경우	il caso 일 까조
경작	la coltivazione 라 꼴띠바지오네
경작자	il coltivatore 일 꼴띠바또레
경작하다	coltivare 꼴띠바레
경쟁자	il competitore 일 꼼뻬띠또레
경쟁하다	competere 꼼뻬떼레
경제	l'economia 레꼬노미아
경제학	l'economia 레꼬노미아
경기(競技)	la partita / la gara 라 빠르띠따 / 라 가라
경력	la carriera / l'esperienza 라 까리에라 / 레스뻬리엔자
경쟁	la competizione 라 꼼뻬띠찌오네
경음악	la musica leggera 라 무지까 레제라

한국어	이탈리아어	한국어	이탈리아어
경제학자	l'economista 레꼬노미스따	계산기	la calcolatrice 라 깔꼴라뜨리체
경주	la corsa 라 꼬르사	계산대	la cassa 라 깟사
경찰	la polizia 라 뽈리찌아	계산서	il conto 일 꼰또
경치	il panorama 일 빠노라마	계산하다	calcolare 깔꼴라레
경험	l'esperienza 레스뻬리엔자	계속	la continuità 라 꼰띠누이따
곁에	accanto 아깐또	계약	il contratto 일 꼰뜨랏또
계란	l'uovo 루오보	계약서	il contratto 일 꼰뜨랏또
계산	il calcolo 일 깔꼴로	계약하다	fare il contratto 파레 일 꼰뜨랏또

경찰서	la stazione di polizia 라 스따찌오네 디 뽈리찌아
경호원, 보디가드	il corpo di guardia 일 꼬르뽀 디 과르디아
계단	la scala / il gradino 라 스깔라 / 일 그라디노
계좌	il conto corrente 일 꼰또 꼬렌떼
계좌를 열다	aprire un conto corrente 아쁘리레 운 꼰또 꼬렌떼

한국어	이탈리아어	한국어	이탈리아어
계절	la stagione 라 스따죠네	고급의	lusso 룻소
계좌 잔액	il saldo 일 살도	고기	la carne 라 까르네
계피	la cannella 라 깐넬라	고난	la difficoltà 라 디피꼴따
계획	il progetto 일 쁘로젯또	고대	l'antichità 란띠끼따
계획하다	proggettare 쁘로제따레	고도	l'altezza 랄뗏짜
고개(지형)	il passo 일 빠쏘	고등어	lo sgombro 로 즈곰브로
고고학	l'archeologia 라르께올로좌	고등학교	il liceo 일 리체오
고구마	la patata dolce 라 빠따따 돌체	고려하다	considerare 꼰시데라레
고귀한	prestigioso 쁘레스띠죠조	고르다	scegliere 쉘리에레
고급 호텔	l'hotel di lusso 로뗄 디 룻소	고마워하다	ringraziare 링그라찌아레

고고학자	l'archeologo(남자)/l'archeologa(여자) 라르께올로고 / 라르께올로가
고급 코스	il corso superiore 일 꼬르소 수뻬리오레
고르곤졸라 치즈	la gorgonzola 라 고르곤졸라

한국어	이탈리아어	한국어	이탈리아어
고막(신체)	il timpano 띰빠노	고백	la confessione 라 꼰페시오네
고맙습니다.	Grazie! 그라찌에!	고백하다	confessare 꼰페사레
고무	la gomma 라 곰마	고상한	nobile 노빌레
고무줄	l'elastico 렐라스띠꼬	고속도로	l'autostrada 라우또스라다
고발하다	denunciare 데눈챠레	고양이	il gatto 일 갓또
고생	la vita dura / la vita difficile 라 비따 두라 / 라 비따 디피칠레		
고아	l'orfano(남자) / l'orfana(여자) 로르파노 / 로르파나		
고요한	tranquillo / sereno / silenzioso 뜨랑뀔로 / 세레노 / 실렌찌오조		
고용	l'impiego / l'occupazione 림삐에고 / 로꾸빠찌오네		
고용계약	il contratto di lavoro 일 꼰뜨랏또 디 라보로		
고용주	il datore di lavoro 일 다또레 디 라보로		
고의적으로	intenzionalmente 인뗀찌오날멘떼		
고전 음악	la musica classica 라 무지까 끌라시까		

한국어	이탈리아어	한국어	이탈리아어
고용하다	**impiegare** 임삐에가레	고층 빌딩	**il grattacielo** 일 그라따치엘로
고장	**il guasto** 일 과스또	고치다(수리하다)	**riparare** 리빠라레
고장나다	**guastarsi** 과스따르시	고향	**il paese natale** 일 빠에제 나딸레
고전의	**classico** 끌라시꼬	고혈압	**l'ipertensione** 리뻬르뗀시오네
고정된	**fisso** 피쏘	곤란	**la difficoltà** 라 디피꼴따
고집	**l'insistenza** 린시스뗀짜	곤란한	**difficoltoso** 디피꼴또조
고집하다	**insistere** 인시스떼레	곧바로	**subito** 수비또
고추	**il peperoncino** 일 뻬뻬론치노	골목	**il vicolo** 일 비꼴로
고추가루		**la polvere di peperoncino** 라 뽈베레 디 뻬뻬론치노	
고추장		**la salsa di peperoncino** 라 살사 디 뻬뻬론치노	
고치다(치료하다)		**curare / guarire** 꾸라레 / 과리레	
골동품		**l'oggetto d'antiquariato** 로제또 단띠꽈리아또	
골동품 가게		**il negozio di antiquariato** 일 네고찌오 디 안띠꽈리아또	

한국어	이탈리아어	한국어	이탈리아어
골인	il gol 일 골	공격	l'attacco 라따꼬
골절	la frattura 라 프라뚜라	공격하다	attaccare 아따까레
골짜기	la valle 라 발레	공고(公告)	l'avviso 라비조
골키퍼	il portiere 일 뽀르띠에레	공공의	pubblico 뿌블리꼬
골프	il golf 일 골프	공과대학	il Politecnico 일 뽈리떼끄니꼬
곰(동물)	l'orso 로르소	공군	l'aeronautica 라에로나우띠까
곱다(예쁘다)	essere bello 엣세레 벨로	공급	il fornimento 일 포르니멘또
공	la palla 라 빨라	공급하다	fornire 포르니레
공간	lo spazio 로 스빠찌오	공기	l'aria 라리아
골프공			la pallina da golf 라 빨리나 다 골프
골프를 치다			giocare a golf 죠까레 아 골프
공개적으로			apertamente 아뻬르따멘떼
공무원			l'impiegato statale 림삐에가또 스따딸레

한국어	이탈리아어	한국어	이탈리아어
공립학교	la scuola statale 라 스꾸올라 스따딸레	공유하다	condividere 꼰디비데레
공부	lo studio 로 스뚜디오	공작(새)	il pavone 일 빠보네
공부를 하다	studiare 스뚜디아레	공장	la fabbrica 라 파브리까
공식	la formula 라 포르물라	공장 노동자	l'operaio 로뻬라이오
공식적인	ufficiale 우피치알레	공증인	il notaio 일 노따이오
공업	l'industria 린두스뜨리아	공책	il quaderno 일 꽈데르노
공연	lo spettacolo 로 스뻬따꼴로	공평하게	ugualmente 우괄멘떼
공원	il parco 일 빠르꼬	공항	l'aeroporto 라에로뽀르또

공문서	il documento ufficiale 일 도꾸멘또 우피치알레
공업 지역	la zona industriale 라 조나 인두스뜨리알레
공업화	l'industrializzazione 인두스뜨리알리자찌오네
공중 목욕탕	il bagno pubblico 일 바뇨 뿌블리꼬
공중 전화	il telefono pubblico 일 뗄레포노 뿌블리꼬

공현축일	l'Epifania 레삐파니아	과일	la frutta 라 프룻따
공휴일	il giorno festivo 일 조르노 페스띠보	과자	il dolciume 일 돌츄메
과거	il passato 일 빠사또	과장하다	esagerare 에사제라레
과수	l'albero di frutta 랄베로 디 프룻따	과정	il corso 일 꼬르소
과실(잘못)	l'errore 레로레	과학	la scienza 라 쉔자

과로	il lavoro eccessivo 일 라보로 에체시보
과목	la materia scolastica 라 마떼리아 스꼴라스띠까
과속	l'eccesso di velocità 레체쏘 디 벨로치따
과일 가게	il negozio di frutta 일 네고찌오 디 프룻따
관광 버스	l'autobus turistico 라우또부스 뚜리스띠꼬
관광 안내소	l'informazione turistica 린포르마찌오네 뚜리스띠까
관광 지도	la cartina turistica 라 까르띠나 뚜리스띠까
관광객	il turista / la turista 일 뚜리스따(남자) / 라 뚜리스따(여자)

한국어	이탈리아어	한국어	이탈리아어
과학자	il scientifico / 일 쉔띠피꼬	관세	la tassa doganale / 라 땃싸 도가날레
관객	il pubblico / 일 뿌블리꼬	관심, 흥미	l'interesse / 린떼레쎄
관계	a relazione / 라 렐라찌오네	관절	la giuntura / 라 쥰뚜라
관광	il turismo / 일 뚜리즈모	관절염	l'artrite / 라르뜨리떼
관람객	lo spettatore / 로 스뻬따또레	관절통	l'artralgia / 라르뜨랄쟈
관리	l'amministrazione / 람미니스뜨라찌오네	관점	il punto di vista / 일 뿐또 디 비스따
관리인	l'amministratore / 람미니스뜨라또레	관중	il pubblico / 일 뿌블리꼬
관리하다	amministrare / 암미니스뜨라레	관청	l'ufficio governativo / 루피쵸 고베르나띠보
관사(문법)	l'articolo / 라르띠꼴로	광고	la pubblicità / 라 뿌블리치따
관광지		il luogo turistico / 일 루오고 뚜리스띠꼬	
관람권(입장권)		il biglietto d'entrata / 일 빌리엣또 덴뜨라따	
관람료		la tassa d'ingresso / 라 땃사 딩그레쏘	
관리비(아파트)		il condominio / 일 꼰도미니오	

광고판	l'insegna 린세냐	교대	il turno 일 뚜르노
광선	il raggio 일 랏쬬	교대하다	fare il turno 파레 일 뚜르노
광장	la piazza 라 삐앗자	교사	l'insegnante 린세냔떼
괴로운	sofferente 소페렌떼	교실	la classe / l'aula 라 끌라쎄/ 라울라
괴로움	la sofferenza 라 소페렌자	교역	il commercio 일 꼼메르쵸
괴롭다	essere sofferente 엣세레 소페렌떼	교역하다	commerciare 꼼메르치아레
괴롭히다	importunare 임뽀르뚜나레	교외	la periferia 라 뻬리페리아
굉장한	straordinario 스뜨라오르디나리오	교육	l'istruzione 리스뜨루찌오네
교과서	il testo 일 떼스또	교육 대학	il magistero 일 마지스떼로

교섭	il negoziato / la trattativa 일 네고찌아또/ 라 뜨라따띠바
교수, 선생님	il professore(남자) / la professoressa(여자) 일 쁘로페쏘레/라 쁘로페쏘레싸
교육부	il Ministero d'Istruzione 일 미니스떼로 디스뜨루찌오네
교제하다	frequentare qulcuno 프레꿴따레 꽐꾸노

한국어	이탈리아어	한국어	이탈리아어
교육자	l'educatore 레두까또레	교환	il cambio 일 깜비오
교육하다	educare 에두까레	교환하다	cambiare 깜비아레
교제	la frequentazione 라 프레꿴따찌오네	교활한	furbo 푸르보
교차로	l'incrocio 링끄로쵸	교회	la chiesa 라 끼에자
교통	il traffico 일 뜨라피꼬	구내 식당	la mensa 라 멘사
교통 경찰	il vigile 일 비질레	구두	le scarpe 레 스까르뻬
교통 신호등	il semaforo 일 세마포로	구두쇠	l'avaro 라바로

교통 사고 — l'incidente stradale 린치덴떼 스뜨라달레

교통 표지판 — il segnale stradale 일 세냘레 스뜨라달레

교회력 — il calendario ecclesiastico 일 깔렌다리오 에끌라시아스띠꼬

교회에 가다 — andare in chiesa 안다레 인 끼에자

구경가다 — andare a vedere 안다레 아 베데레

구두 가게 — il negozio delle scarpe 일 네고찌오 델레 스까르뻬

한국어	이탈리아어	한국어	이탈리아어
구렛나루	la barba 라 바르바	구성하다	comporre 꼼뽀레
구름	la nuvola 라 누볼라	구실	la scusa 라 스꾸자
구름다리	il viadotto 일 비아돗또	구어	la lingua parlata 라 링구아 빠를라따
구릉	la collina 라 꼴리나	구역	la zona / il distretto 라 조나 / 일 디스뜨렛또
구매, 매입	l'acquisto 라뀌스또	구이 요리	l'arrosto 라로스또
구멍	il foro/ il buco 일 포로 / 일 부꼬	구조(救助)	la salvezza 라 살베짜
구명대	la salvagente 라 살바젠떼	구조(構造)	la struttura 라 스뜨루뚜라
구부리다	curvarsi 꾸르바르시	구조가 있는	strutturato 스뜨루뚜라또
구석	l'angolo 랑골로	구조하다	salvare 살바레
구명 보트	la scialuppa di salvataggio 라 샬루빠 디 살바땃죠		
구명 재킷	il giubbotto di salvataggio 일 쥬보또 디 살바땃죠		
구운 고기	la carne grigliata 라 까르네 그릴리아따		
구좌 번호	il numero di conto corrente 일 누메로 디 꼰또 꼬렌떼		

한국어	이탈리아어	한국어	이탈리아어
구좌	il conto corrente 일 꼰또 꼬렌떼	국경	la frontiera 라 프론띠에라
구출하다	salvare 살바레	국군	l'esercito 레스르치또
구충제	l'insetticida 린세띠치다	국내	l'interno del Paese 린떼르노 델 빠에제
구하다(찾다)	cercare 체르까레	국내선	le linee nazionali 레 리네 나찌오날리
국(스프)	la zuppa 라 쭙빠	국도	la strada statale 라 스뜨라다 쓰따딸레
국가(나라) (이 경우 L자는 대문자)	il Paese 일 빠에제	국민	il popolo 일 뽀뽈로
국가(노래)	l'inno nazionale 린노 나찌오날레		
국기(國旗)	la bandiera nazionale 라 반디에라 나찌오날레		
국립 공원	il Parco nazionale 일 빠르꼬 나찌오날레		
국립 도서관	la Biblioteca nazionale 라 비블리오떼까 나찌오날레		
국립 박물관	il Museo nazionale 일 무제오 나찌오날레		
국립 의료원	il Centro medico nazionale 일 첸뜨로 메디꼬 나찌오날레		
국립대학	l'Università statle 루니베르시따 스따딸레		

한국어	이탈리아어	한국어	이탈리아어
국번(전화)	il prefisso 일 쁘레피쏘	군인	il soldato 일 솔다또
국보	il tesoro nazionale 일 떼조로 나찌오날레	굴(동굴)	la galleria 라 갈레리아
국영의	statale 스따딸레	굴(해산물)	l'ostrica 로스뜨리까
국외	l'esterno del Paese 레스떼르노 델 빠에제	굴뚝	il camino 일 까미노
국적	la nazionalità 라 나찌오날리따	굵은	grosso 그롯소
국제적인	internazionale 인떼르나찌오날레	굽(구두)	il tacco 일 따꼬
국채	il titolo di Stato 일 띠똘로 디 스따또	굽다	grigliare 그릴리아레
국화(꽃)	il crisantemo 일 크리산떼모	궁(왕궁)	il palazzo reale 일 빨랏쪼 레알레
국회	il parlamento 일 빠를라멘또	권력	il potere 일 뽀떼레
군대	l'esercito 레세르치또	권리	il diritto 일 디릿또

국제선	le linee internazionali 레 리네 인떼르나찌오날리
귀머거리	il sordo(남자) / la sorda(여자) 일 소르도/라 소르다
권하다	offrire / raccomandare 오프리레 / 라꼬만다레

권투	il pugilato 일 뿌질라또
권투 선수	il pugile 일 뿌질레
궤양	l'ulcera 롤체라
귀	l'orrecchio 로렉끼오
귀걸이	gli orecchini 리 오레끼니
귀부인	la dama 라 다마
귀빈	l'ospite vip 로스삐떼 빕
귀여운	carino 까리노
귀찮은	fastidio 파스띠디오
규칙	la regola 라 레골라
귀중품	l'oggetto di valore 로젯또 디 발로레
규칙적인, 규칙의	regolare 레골라레
그랜드 피아노	il pianoforte a coda 일 삐아노포르떼 아 꼬다
균형	l'equillibrio 레뀔리브리오
균형잡힌	equilibrato 에뀔리브라또
귤	il mandarino 일 만다리노
그것	quello 꿸로
그녀	lei 레이
그들	loro 로로
그들의	loro 로로
그래(응, 예)	sì 씨
그래서	perciò 뻬르쵸
그램(g)	il grammo 일 그람모

그러고 나서	poi 뽀이
그러나	ma 마
그렇게	così 꼬지
그렇지 않으면	altrimenti 알뜨리멘띠
그룹	il gruppo 일 그룹뽀
그릇	il piatto 일 삐앗또
그리고	e 에
그리다(그림)	dipingere 디삔제레
그리움	la mancanza 라 망깐자
그리워하다	mancare 망까레
그림	il quadro 일 꽈드로
그림자	l'ombra 롬브라
그만두다	smettere 즈멧떼레
그물	la rete 라 레떼
그치다	cessare 쳇사레
극(연극)	il teatro 일 떼아뜨로
극장	il cinema 일 치네마
근면한	diligente 딜리젠떼
근시의(눈)	miope 미오뻬
근육	il muscolo 일 무스꼴로
그림 엽서	la cartolina illustrata 라 까르똘리나 일루스뜨라따
그저께	l'altro ieri(= l'altrieri) 랄뜨로 이에리(=랄뜨리에리)
근심	la preoccupazione 라 쁘레오꾸빠찌오네

금(광물)	l'oro 로로
금고	la cassaforte 라 까싸포르떼
금붕어	il pesce dorato 일 뻬쉐 도라또
금요일	il venerdi 일 베네르디
금지된	vietato 비에따또
금지하다	proibire 쁘로이비레
긍정적인	positivo 뽀지띠보
기(旗), 깃발	la bandiera 라 반디에라
기간	il periodo 일 뻬리오도
기계	la macchina 라 마끼나
기계 기술자	il meccanico 일 메까니꼬
기분	l'umore / il sentimento 루모레 / 일 센띠멘또
기쁨	il piacere / la gioia 일 삐아체레 / 라 죠이아
기꺼이	volentieri 볼렌띠에리
기념하다	commemorare 꼼메모라레
기다리다	aspettare 아스뻿따레
기도	la preghiera 라 쁘레기에라
기르다	allevare 알레바레
기름	l'olio 롤리오
기본 요금	la tariffa base 라 따리파 바제
기부	la donazione 라 도나찌오네
기부하다	donare 도나레
기사(신문)	l'articolo 라르띠꼴로

한국어	이탈리아어	한국어	이탈리아어
기숙사	il dormitorio 일 도르미또리오	기저귀	il pannolino 일 빤놀리노
기술	la tecnologia 라 떼끄놀로쟈	기적	il miracolo 일 미라꼴로
기술자	il tecnico 일 떼끄니꼬	기차	il treno 일 뜨레노
기억	il ricordo 일 리꼬르도	기차역	la stazione 라 스따찌오네
기억하다	ricordare 리꼬르다레	기초	la base 라 바제
기온	la temperatura 라 뗌뻬라뚜라	기초적인	fondamentale 폰다멘딸레
기원(한문)	l'origine 로리지네	기침	la tosse 라 똣세

기원하다, 기도하다   pregare
쁘레가레

기자회견   la conferenza stampa
라 꼰페렌자 스땀빠

기차 선로(플랫폼)   il binario
일 비나리오

기초 코스   il corso elementare
일 꼬르소 엘레멘따레

기회를 이용하다   approfittare
아쁘로피따레

길을 잃다   perdere la strada
뻬르데레 라 스뜨라다

기타(악기)	la chitarra 라 끼따라
기한	il termine 일 떼르미네
기호(맛)	il gusto 일 구스또
기회	l'occasione 로까지오네
기후	il clima 일 끌리마
긴	lungo 룽고
긴급한	urgente 우르젠떼
길	la strada / la via 라 스뜨라다 / 라 비아
길이	la lunghezza 라 룽겟자
깊은, 심오한	profondo 쁘로폰도
깊이	la profondità 라 쁘로폰디따
까마귀	il corvo 일 꼬르보
깔때기	l'imbuto 림부또
깨끗한	pulito 뿔리또
껍질	la buccia 라 부챠
껍질을 벗기다	pelare 뻴라레
꼬리	la coda 라 모다
꽃	il fiore 일 피오레
꽃가루	il polline 일 뽈리네
꽃등심	il controfiletto 일 꼰뜨로필렛또
깨어나다(잠에서)	svegliarsi 즈벨리아르시
껌	la gomma da masticare 라 곰마 다 마스띠까레
꽃가게	il negozio di fiori 일 네고찌오 디 피오리

꽃병	il vaso 일 바조	끄다(불)	spegnere 스뻬녜레
꽃이 피다	fiorire 피오리레	끈(줄)	la corda 라 꼬르다
꿀	il miele 일 미엘레	끓이다	bollire 볼리레
꿈	il sogno 일 소뇨	끝	la fine 라 피네
꿈을 꾸다	sognare 소냐레	끝나다, 끝내다	finire 피니레
꿩	il fagiano 일 파지아노		

ㄴ

나	**io** 이오
나누다	**dividere** 디비데레
나머지	**il resto** 일 레스또
나무	**l'albero** 랄베로
나뭇가지	**il ramo** 일 라모
나뭇잎	**la foglia** 라 폴리아
나비	**la farfalla** 라 파르팔라
나쁜	**brutto / cattivo** 브룻또 / 까띠보

나라, 국가 **il Paese / la nazione** 일 빠에제 / 라 나찌오네

나비 넥타이 **la cravatta a farfalla** 라 끄라바따 아 파르팔라

나쁜(좋지 않은) 기분 **il cattivo umore** 일 까띠보 우모레

나쁜, 못생긴	**cattivo** 까띠보
나사못	**la vite** 라 비떼
나오다, 외출하다	**uscire** 우쉬레
나의	**mio / mia** 미오 / 미아
나이	**l'età** 레따
나이프	**il coltello** 일 꼴뗄로
나침반	**la bussola** 라 붓솔라
나타나다	**apparire** 아빠리레
나팔	**la tromba** 라 뜨롬바
낙관주의자	**l'ottimista** 로띠미스따

한국어	이탈리아어	한국어	이탈리아어
낙담한	disperato 디스뻬라또	날다	volare 볼라레
낙타	il cammello 일 까멜로	날마다	ogni giorno 온니 죠르노
낙태	l'aborto 라보르또	날씨	il tempo 일 뗌뽀
낙태하다	abortire 아보르띠레	날씬한	snello 즈넬로
낚시	la pesca 라 뻬스까	날짜	la data 라 다따
낚시 바늘	l'amo 라모	낡은	vecchio 베끼오
난간	la ringhiera 라 링기에라	남(다른 사람)	l'altro 랄뜨로
난방	il riscaldamento 일 리스깔다멘또	남극	il polo sud 일 뽈로 수드
날(日)	il giorno 일 죠르노	남다	rimanere 리마네레
낚시대			la canna da pesca 라 깐나 다 뻬스까
남아메리카			l'America del Sud 라메리까 델 수드
나이트 투어			la gita notturna 라 지따 노뚜르나
남자 친구(애인 관계)			il ragazzo 일 라갓쪼

한국어	이탈리아어	한국어	이탈리아어
남동생	il fratello / 일 프라뗄로	낮추다	abbassare / 아바사레
남성의	maschile / 마스낄레	낯설은	sconosciuto / 스꼬노슈또
남자	l'uomo / 루오모	낳다	nascere / 나쉐레
남쪽	il sud / 일 수드	내과 의사	l'internista / 린떼르니스따
남편	il marito / 일 마리또	내기를 하다	scommettere / 스꼼메떼레
남한	la Corea del Sud / 라 꼬레아 델 수드	내년	l'anno prossimo / 란노 쁘롯시모
납품	la consegna / 라 꼰세냐	내려가다	scendere / 쉔데레
낭만적인	romantico / 로만띠꼬	내리다(물건을)	scaricare / 스까리까레
낭비하다	sprecare / 스쁘레까레	내복	l'intimo / 린띠모
낮	il giorno / 일 죠르노	내용	il contenuto / 일 꼰떼누또
낮다(병이)	guarire / 구아리레	내일	domani / 도마니
낮잠	il pisolino / 일 삐졸리노	냄비	la pentola / 라 뻰똘라
내리다(탈것에서)	scendere / 쉔데레		

냄새	l'odore 로도레
냄새를 맡다	sentire 센띠레
냅킨	il tovagliolo 일 또발리올로
냉수	l'acqua fredda 라꾸아 프레다
냉장고	il frigorifero 일 프리고리페로
너	tu 뚜
너무	troppo 뜨롭뽀
너의	tuo / tua 뚜오 / 뚜아
너트(nut)	il dado 일 다도
냇물	il ruscello / il torrente 일 루쉘로 / 일 또렌떼
네덜란드 사람	l'olandese(남자) / l'olandese(여자) 롤란데제 / 롤란데제
넥타이핀	la fermacravatta 라 페르마끄라밧따
노동비	il costo di lavoro 일 꼬스또 디 라보로
너희들	voi 보이
너희들의	vostro / vostra 보스뜨로 / 보스뜨라
넓은	largo 라르고
넓이	la larghezza 라 라르겟자
넘어지다	cadere 까데레
네(yes)	Sì 씨
네덜란드	l'Olanda 롤란다
네모난	quadrato 꽈드라또
네번째의	quarto 꽈르뜨

한국어	이탈리아어	한국어	이탈리아어
넥타이	la cravatta 라 끄라밧따	노조	il sindacato 일 신다까또
넷	quattro 꽛뜨로	노트	il quaderno 일 꽈데르노
노동, 일	il lavoro 일 라보로	녹두	il fagiolo mungo 일 파졸로 뭉고
노란색의	giallo 쫠로	녹음	la registrazione 라 레지스뜨라찌오네
노래	la canzone 라 깐쪼네	녹음기	il registratore 일 레지스뜨라또레
노래를 부르다	cantare 깐따레	녹음하다	registrare 레지스뜨라레
노력	lo sforzo 로 스포르쪼	녹차	il tè verde 일 떼 베르데
노새	l'asino 라지노	논	la risaia 라 라자이아
노인	il vecchio 일 베끼오	논문	la tesi 라 떼지

노래방   la sala da karaoke
라 살라 다 까라오께

노크하다   bussare la porta
붓사레 라 뽀르따

노트북 컴퓨터   il computer portatile
일 꼼쀼떼르 뽀르따띨레

농부, 농민   il contadino / l'agricoltore
일 꼰따디노 / 라그리꼴또레

놀다	giocare 죠까레	높은 가격	il prezzo alto 일 쁘렛쪼 알또
놀음	il gioco (d'azzardo) 일 죠꼬 (다자르도)	높이	l'altezza 랄뗏짜
농구	il pallacanestro 일 빨라까네스뜨로	놓다	porre / mettere 뽀레 / 멧떼레
농담	lo scherzo 로 스께르쪼	놓치다	perdere 뻬르데레
농담을 하다	scherzare 스께르짜레	뇌염	l'encefalite 렌체팔리떼
농어(생선)	il branzino 일 브란지노	누구	chi 끼
농업	l'agricoltura 라그리꼴뚜라	누구든지	chiunque 끼웅꿰
높은	alto 알또	누구세요?	Chi è? 끼 에?

뇌종양	il tumore al cervello 일 뚜모레 알 체르벨로
뇌진탕	il trauma cranico 일 뜨라우마 끄라니꼬
누구세요?(전화상)	Chi parla? 끼 빠를라?
누나	la sorella maggiore 라 소렐라 마죠레
눈사람	il pupazzo di neve 일 뿌빠쪼 디 네베

40

누나	la sorella 라 소렐라	눕다	sdraiarsi 즈드라이아르시
누르다	premere 쁘레메레	뉘앙스	la sfumatura 라 스푸마뚜라
눈(기후)	la neve 라 네베	뉴스	la notizia 라 노띠찌아
눈(신체)	l'occhio 로끼오	느끼다	sentire 센띠레
눈물	la lacrima 라 라끄리마	느린	lento 렌또
눈썹	le sopracciglia 레 소쁘라칠리아	느슨한	largo 라르고
눈을 뜨다	aprire gli occhi 아쁘리레 리 오끼	늑대	il lupo 일 루뽀
눈이 내리다	nevicare 네비까레	늘(언제나)	sempre 셈쁘레

눈을 감다　　　　　　　chiudere gli occhi
　　　　　　　　　　　끼우데레 리 오끼

눕히다(침대에)　　　　　mettere a letto
　　　　　　　　　　　멧떼레 아 렛또

느낌　　　　　il sentimento / la senzazione
　　　　　　　일 센띠멘또 / 라 센사찌오네

능(왕의 무덤)　　　　　　la tomba reale
　　　　　　　　　　　　라 똠바 레알레

늦게 도착하다　　　　　　arrivare tardi
　　　　　　　　　　　　아리바레 따르디

늘씬하다	essere snello 엣쎄레 즈넬로	늦게	tardi 따르디
늙은	vecchio 베끼오	늦다	tardare 따르다레
능동적인	attivo 아띠보	늦은	tardiva 따르디바
능력	la capacità 라 까빠치따	니코틴	la nicotina 라 니꼬띠나
능숙하다	essere abile 엣세레 아빌레		

ㄷ

다가가다	avvicinarsi 아비치나르씨
다과점	la pasticceria 라 빠스띠체리아
다금바리(생선)	la spigola 라 스삐골라
다루다	trattare 뜨라따레
다른	altro 알뜨로
다른 방법	l'altro modo 랄뜨로 모도
다른 사람	l'altro uomo 랄뜨로 우오모
다리(교량)	il ponte 일 뽄떼
다락방	l'attico / la mansarda 라띠꼬 / 라 만사르다
다시 한 번	ancora una volta 앙꼬라 우나 볼따
다음 달	il prossimo mese 일 쁘로씨모 메제
다리(사람의)	la gamba 라 감바
다리다	stirare 스띠라레
다리미	il ferro da stiro 일 페로 다 스띠로
다리미질하다	stirare 스띠라레
다섯	cinque 칭꿰
다섯째	quinto 뀐또
다스	la dozzina 라 도찌나
다스리다	governare 고베르나레
다시	di nuovo 디 누오보
다양한	diverso 디베르소

한국어	이탈리아어	한국어	이탈리아어
다이빙	il tuffo 일 뚜포	단(맛)	dolce 돌체
다이아몬드	il diamante 일 디아만떼	단골	il cliente 일 끌리엔떼
다이어트	la dieta 라 디에따	단과대학	la facoltà 라 파꼴따
다치다	ferire 페리레	단단한	duro 두로
다투다	litigare 리띠가레	단백질	la proteina 라 쁘로떼이나
닦다	pulire 뿔리레	단수	il singolare 일 싱골라레

다음 번	la prossima volta 라 쁘로씨마 볼따
다음 주	la prossima settimana 라 쁘로씨마 세띠마나
다음 해	il prossimo anno 일 쁘로씨모 안노
다음의	prossimo / seguente 쁘로씨모 / 세구엔떼
다이어트를 하다	fare la dieta 파레 라 디에따
다큐멘타리	il documentario 일 도꾸멘따리오
단순하게	semplicemente 셈쁠리체멘떼

한국어	이탈리아어	한국어	이탈리아어
단수의	singolare 싱골라레	단풍나무	l'acero 라체로
단순한	semplice 셈쁠리체	닫다	chiudere 끼우데레
단식	il digiuno 일 디쥬노	달(月)	il mese 일 메제
단식하다	digiunare 디쥬나레	달(月, 천문)	la luna 라 루나
단어	il vocabolo 일 보까볼로	달걀	l'uovo 루오바
단어집	il vocabolario 일 보까볼라리오	달러($)	il dollaro 일 돌라로
단지, 오로지	soltanto 솔딴또	달력	il calendario 일 깔렌다리오
단체	il gruppo 일 그룹뽀	달리다	correre 꼬레레
단추	il bottoncino 일 보똔치노	달콤한	dolce 돌체
단편 소설	il racconto 일 라꼰또	닭	il gallo 일 갈로

단체 여행객   il gruppo di turisti
일 그룹뽀 디 뚜리스띠

단체 표   il biglietto collettivo
일 빌리엣또 꼴렛띠보

달이 뜨다   sorgere della luna
소르제레 델라 루나

한국어	이탈리아어	한국어	이탈리아어
닭고기	il pollo 일 뽈로	당구	il billiardo 일 빌리아르도
닮다	essere simile 엣세레 씨밀레	당근	la carota 라 까로따
담배 가게	i tabacchi 이 따바끼	당뇨병	il diabete 일 디아베떼
담배를 피우다	fumare 푸마레	당뇨병 환자	il diabetico 일 디아베띠꼬
담보	il deposito 일 데뽀지또	당신	Lei 레이(이 경우 L자는 대문자)
담요	la coperta 라 꼬뻬르따	당신들	voi 보이
답장하다	rispondere 리스뽄데레	당신들의	vostro / vostra 보스뜨로 / 보스뜨라

담배	la sigaretta / il tabacco 라 시가렛따 / 일 따바꼬
담배 꽁초	la cicca / la mozzicone 라 치까 / 라 모찌꼬네
담배를 끊다	smettere di fumare 스메떼레 디 푸마레
당구장	la sala da billiardo 라 살라 다 빌리아르도
당도	il contenuto di zucchero 일 꼰떼누또 디 쭈께로
당일 관광	la gita giornaliera 라 지따 죠르날리에라

당신의 남편	Suo marito 수오 마리또
당신의 아내	Sua moglie 수아 몰리에
당장, 곧	subito 수비또
닻 (선박)	l'ancora 란꼬라
대개	generalmente 제네랄멘떼
대나무	il bambu 일 밤부
대답, 답변	la risposta 라 리스뽀스따
대답하다	rispondere 리스뽄데레
대략	circa 치르까
대령	il colonnello 일 꼴로넬로
대리점	il concessionario 일 꼰체시오나리오
대변	gli escrementi / le feci 리 에스끄레멘띠 / 레 페치
대수도원장	l'abate(남자) / la badessa(여자) 라바떼 / 라 바데싸
대륙	il continente 일 꼰띠넨떼
대명사(문법)	il pronome 일 쁘로노메
대사	l'ambasciatore 람바샤또레
대사관	l'ambasciata 람바샤따
대성당	il duomo 일 두오모
대수도원	l'abbazia 라바지아
대여	il prestito 일 쁘레스띠또
대체	la sostituzione 라 소스띠뚜찌오네
대체하다	sostituire 소스띠뚜이레
대통령	il Presidente 일 쁘레지덴떼

한국어	이탈리아어	한국어	이탈리아어
대파(야채)	**il porro** 일 뽀로	더 많은	**maggiore** 마죠레
대표자	**il rappresentante** 일 라쁘레젠딴떼	더 작은	**minore** 미노레
대학 졸업	**la laurea** 라 라우레아	더러운	**sporco** 스뽀르꼬
대학교	**l'università** 루니베르시따	더운	**caldo** 깔도
대합실	**la sala d'attesa** 라 살라 다떼자	더위	**il caldo** 일 깔도
대화	**il dialogo** 일 디알로고	덜	**meno** 메노
댄스(춤)	**il ballo** 일 발로	덥다(날씨가)	**fa caldo** 파 깔도
더	**più** 쀼	덥다(몸이)	**avere caldo** 아베레 깔도
대학생			**lo studente universitario** 로 스뚜덴떼 우니베르시따리오
더블룸			**la camera doppia** 라 까메라 돕삐아
데이티켓 (day ticket)			**il biglietto giornaliero** 일 빌리엣또 죠르날리에로
데치다			**sbollentare / scottare** 즈볼렌따레 / 스꼿따레
도달하다			**giungere / arrivare** 준제레 / 아리바레

한국어	이탈리아어	한국어	이탈리아어
덮다	coprire 꼬쁘리레	도와줘!	Aiuto! 아이우또!
도구	lo strumento 로 스뜨루멘또	도움	l'aiuto 라이우또
도넛	la ciambella 라 챰벨라	도자기	la ceramica 라 체라미까
도둑	il ladro 일 라드로	도착	l'arrivo 라리보
도매	l'ingrosso 링그로쏘	도표	la tabella 라 따벨라
도매상	il grossista 일 그로시스따	독(毒)	il veleno 일 벨레노
도서관	la biblioteca 라 비블리오떼까	독감	l'influenza 린플루엔짜
도시	la città 라 칫따	독립	l'indipendenza 린디뻰덴짜

도매하다   vendere all'ingrosso
벤데레 알링그로쏘

도수   la gradazione / il grado
라 그라다찌오네 / 일 그라도

도착하다   arrivare / giungere
아리바레 / 쥰제레

독일 사람   il tedesco(남자) / la tedesca(여자)
일 떼데스꼬 / 라 떼데스까

독일어   il tedesco / la lingua tedesca
일 떼세스꼬 / 라 링구아 떼세스까

독립적인	indipendente 인디뻰덴떼	돌보다	curare 꾸라레
독일	la Germania 라 제르마니아	돌아오다 (가다)	tornare 또르나레
독자(讀者)	il lettore 일 레또레	돕다	aiutare 아이우따레
독특한	caratteristico 까라떼리스띠꼬	돗자리	la stuoia 라 스뚜오이야
돈을 벌다	guadagnare 과다냐레	동굴	la grotta 라 그롯따
돈지갑	il portafoglio 일 뽀르따폴리오	동남아	il Sud-Asia 일 수드-아시아
돌다(방향)	girare 지라레	동료	il compagno 일 꼼빠뇨

독자 (獨子)   il figlio unico(남자) / la figlia unica(여자)
일 필리오 우니꼬 / 라 필리아 우니까

독점적으로   esclusivamente
에스끌루시바멘떼

돈 (錢)   il denaro / il soldo
일 데나로 / 일 솔도

돈을 송금하다   fare il bonifico
파레 일 보니피꼬

돋보기   la lente di ingrandimento
라 렌떼 디 인그란디멘또

동메달   la medaglia di bronzo
라 메달리아 디 브론조

동물	l'animale 라니말레	동일하게	ugualmente 우괄멘떼
동물원	lo zoo 로 조	동일한	uguale 우괄레
동사 (문법)	il verbo 일 베르보	동전	la moneta 라 모네따
동사원형	l'infinito 린피니또	동쪽	l'est 레스뜨
동의, 찬성	l'accordo 라꼬르도	돼지	il maiale 일 마이알레
동의어	il sinonimo 일 시노니모	두꺼운	spesso 스펫소

동시성	la contemporaneità 라 꼰뗌뽀라네이따
동시에	contemporaneamente 꼰뗌뽀라네아멘떼
동유럽	l'Europa orientale 레우로빠 오리엔딸레
동의하다	essere d'accordo 엣세레 다꼬르도
동전 지갑	la portamoneta 라 뽀르따모네따
돼지고기	la carne di maiale 라 까르네 디 마이알레
되다	diventare / divenire 디벤따레 / 디베니레

두께	lo spessore 로 스뻬소레
두다	porre/mettere 뽀레 / 멧떼레
두드리다, 때리다	battere 바떼레
두려운	pauroso 빠우로조
두려움	la paura 라 빠우라
두려워하다	temere 떼메레
두번째의	secondo 세꼰도
두통	il mal di testa 일 말 디 떼스따
둘	due 두에
두부	il formaggio di soia / il tofu 일 포르마죠 디 소이아 / 일 또푸
뒤쪽	la parte posteriore 라 빠르떼 뽀스떼리오레
드라이어 (머리)	l'asciugacapelli / il fon 라슈가까뻴리 / 일 폰
드라이클리닝	il lavaggio a secco 일 라밧죠 아 세꼬
둘 다 모두	entrambi 엔뜨람비
둥근	rotondo 로똔도
뒤꿈치	il tallone 일 딸로네
뒤에	dietro 디에뜨로
드라마	il dramma 일 드람마
드라이버	il cacciavite 일 까치아비떼
드럼(악기)	la batteria 라 바떼리아
드릴(drill)	il trapano 일 뜨라빠노
드물게	raramente 라라멘떼

한국어	이탈리아어	한국어	이탈리아어
듣다	ascoltare 아스꼴따레	등산가	l'alpinista 랄삐니스따
들리다(소리가)	sentire 센띠레	등심	il filetto 일 필레또
들리다(장소에)	passare 빠사레	디스켓	il dischetto 일 디스껫또
들어가다 오다)	entrare 엔뜨라레	디스코텍	la discoteca 라 디스꼬떼까
등(불)	la lampada 라 람빠다	디자이너	il designer 일 디자이너
등 (사람의)	il dorso 일 도르소	디자인	il design 일 디자인
등대	il faro 일 파로	디저트	il dessert 일 데세르뜨
등산	l'alpinismo 랄삐니즈모	디지털	il digitale 일 디지딸레

등기 우편 — la lettera raccomandata 라 레떼라 라꼬만다따

등산모자 — il berretto da alpinismo 일 베렛또 다 알삐니즈모

등산복 — l'abbigliamento da alpinismo 라빌리아멘또 다 알삐니즈모

등산화 — gli scarponi da montagna 리 스까르뽀니 다 몬따냐

디브디플레이어 (DVD player) — il lettore DVD 일 레또레 디브디

한국어	이탈리아어	한국어	이탈리아어
디지털의	digitale 디지딸레	땅콩	l'arachide 라라끼데
따뜻한	caldo 깔도	때(몸의)	la pelle morta 라 뻴레 모르따
따라가다	seguire 세귀레	때(시간)	il tempo 일 뗌뽀
따르다 (음료를)	versare 베르사레	때때로	ogni tanto 온니 딴또
딸	la figlia 라 필리아	떠나다	partire 빠르띠레
딸기	la fragola 라 프라골라	또 만나(요).	Arrivederci! 아리베데르치!
딸꾹질	il singhiozzo 일 싱기옷조	또, 다시	ancora 앙꼬라
땀	il sudore 일 수도레	또한	anche 앙께
땀을 흘리다	sudare 수다레	똑바로	diritto 디릿또
땅	la terra 라 떼라	뚜껑	il tappo 일 땁뽀

디지털 카메라	la macchina da fotografia digitale 라 마끼나 다 포또그라피아 디지딸레
땅굴	il tunnel / la galleria 일 뚠넬 / 라 갈레리아
때 이른	essere in anticipo 엣세레 인 안띠치뽀

뚱뚱한	grasso 그랏소
뛰다	correre 꼬레레
뛰어난	eccellente 에첼렌떼
뜨거운	bollente 볼렌떼
뜨다	aprire 아쁘리레
똑똑한	bravo / intelligente 브라보 / 인뗄리젠떼
뜻(의미)	il significato / il senso 일 시니피까또 / 일 센소
뜻밖에	inaspettatamente 인아스뻬따따멘떼
뜸(한방)	la moxibustione 라 모시부스띠오네

ㄹ

라디오	la radio 라 라디오
라이닝(lining)	la fodera 라 포데라
라이터	l'accendino 라첸디노
라켓	la racchetta 라 라껫따
램프	la lampada 라 람빠다
라즈베리(raspberries)	il lampone 일 람뽀네
라틴아메리카	l'America Latina 라메리까 라띠나
라틴어	il latino/la lingua latina 일 라띠노 / 라 링구아 라띠나
러시아 사람	il russo(남자) / la russa(여자) 일 룻소 / 라 룻사
러시아어	il russo / la lingua russa 일 룻소 / 라 링구아 룻사
레드카드	il cartellino rosso 일 까르뗄리노 롯소
러시아	la Russia 라 룻시아
러시아워	l'ora di punta 오라 디 뿐따
럼주	il rum 일 룸
레몬	il limone 일 리모네
레몬즙	il succo di limone 일 수꼬 디 리모네
레몬티	il tè al limone 일 떼 알 리모네
레벨	il livello 일 리벨로

한국어	이탈리아어	한국어	이탈리아어
레시피	la ricetta 라 리쳇따	로비(호텔)	il lobby 일 로비
레코드	il disco 일 디스꼬	로프(rope)	la corda 라 꼬르다
렌즈	il lente 일 렌떼	롤필름	il rullino 일 룰리노
렌즈 (카메라)	l'obiettivo 로비에띠보	루마니아	la Romania 라 로마니아
렌트하다	noleggiare 놀레지아레	루비(광물)	il rubino 일 루비노
로봇	il robot 일 로보뜨	리듬	il ritmo 일 리뜨모

레인코트, 비옷	l'impermeabile 림뻬르메아빌레
렌치(wrench 공구)	la chiave 라 끼아베
렌터카	il noleggio della macchina 일 놀렛죠 델라 마끼나
레코드플레이어	i giradischi 이 지라디스끼
루마니아 사람	il romeno(남자) / la romena(여자) 일 로메노 /라 로메나
루마니아어	il romeno / la lingua romena 일 로메노/라 링구아 로메나
룸서비스	il servizio camere 일 세르비찌오 까메레

리본	il nastro 일 나스뜨로	린넨 (linen)	il lino 일 리노
리셉션	la reception 라 리셉션	립스틱	il rossetto 일 로셋또
리스트	la lista 라 리스따	링(고리), 반지	l'anello 라넬로
리터 (liter)	il litro 일 리뜨로	링(권투)	il ring 일 링

리모트콘트롤	il telecomando 일 뗄레꼬만도

ㅁ

마가린	la margarina 라 마르가리나
마개	il tappo 일 땁뽀
마늘	l'aglio 랄리오
마른(몸이)	magro 마그로
마른, 건조한	secco 세꼬
마비	la paralisi 라 빠랄리지
마사지	il massaggio 일 마사쬬
마술	la magia 라 마지아
마약	la droga 라 드로가
마른(젖지 않은)	asciutto 아슛또
마스크 마시다	bere / prendere 베레 / 쁘렌데레
마요네즈	la maionese 라 마이오네제
마우스(컴퓨터)	il mouse 일 마우스
마을	il paese 일 빠에제
마음	il cuore 일 꾸오레
마음씨가 좋은	simpatico 심빠띠꼬
마지막	l'ultimo 룰띠모
마지막의	ultimo 울띠모
마차	la carrozza 라 까롯짜
마천루	il grattacielo 일 그라따치엘로
마취	l'anestesia 라네스떼지아
마취제	l'anestetico 라네스떼띠꼬

마침내	finalmente 피날멘떼	막(연극)	l'atto 랏또
마침표	il punto 일 뿐또	만나다	incontrare 인꼰뜨라레
마스크	la maschera 라 마스께라	만두	il raviolo 일 라비올로
마카로니	i maccheroni 이 마께로니	만들다	fare 파레
마흔(40)	quaranta 꽈란따	만약	se 세

막내 아들	il figlio minore 일 필리오 미노레
막다	impedire / bloccare 임뻬디레 / 블로까레
막차(기차)	l'ultimo treno 룰띠모 뜨레노
만나서 반갑습니다.	Piacere! 삐아체레!
만남의 장소	il punto di incontro 일 뿐또 디 인꼰뜨로
만년필	la penna stilografica 라 뻰나 스띨로그라피까
만약 필요하다면	se è necessario 세 에 네체싸리오
만족스런	soddisfacente / contento 소디스파첸떼 / 꼰뗀또

만족	la soddsisfazione 라 소디스파찌오네
만족하다	essere contento 엣세레 꼰뗀또
만지다	toccare 또까레
많은, 많이	molto / tanto 몰또 / 딴또
맏아들	il figlio maggiore 일 필리오 마죠레
말(동물)	il cavallo 일 까발로
말(언어)	la parola 라 빠를라
말다툼을 하다	litigare 리띠가레
말벌	la vespa 라 베스빠
말일	l'ultimo giorno 룰띠모 죠르노
말하다	parlare / dire 빠를라레 / 디레
맑은	chiaro 끼아로
맛	il gusto 일 구스또
맛없다	non è buono 논 에 부오노
맛있는	buono 부오노
맛있다	è buono 에 부오노
망고(과일)	il mango 일 망고
망원경	il cannocchiale 일 깐노끼알레
만지지 마세요!	Non toccare! 논 또까레!
만화 영화	il cartone animato 일 까르또네 아니마또
말다툼	il litigio / la disputa 일 리띠죠/라 디스뿌따
맛보다	gustare / assaggiare 구스따레/아사쥐아레

한국어	이탈리아어	한국어	이탈리아어
망치	il martello / 일 마르뗄로	매운	piccante / 삐깐떼
망토	il mantello / 일 만뗄로	매일	ogni giorno / 온니 죠르노
망하다	fallire / 팔리레	매입하다	comprare / 꼼쁘라레
맡기다	depositare / 데뽀지따레	매주	ogni settimana / 온니 세띠마나
매너	il galateo / 일 갈라떼오	매표소	la biglietteria / 라 빌리에떼리아
매년	ogni anno / 온니 안노	매표원	il bigliettaio / 일 빌리에따이오
매니져	il direttore / 일 디레또레	맥주	la birra / 라 비라
매니큐어	la manicure / 라 마니꾸레	맨션	la villa / il palazzo / 라 빌라 / 일 빨랏쪼
매달	ogni mese / 온니 메제	맹장염	l'appendicite / 라뻰디치떼
매우	molto / tanto / 몰또 / 딴또	머리	la testa / 라 떼스따
매우 조금	molto poco / 몰또 뽀꼬	머리가 벗겨진	calvo / 깔보
매력	il fascino / l'attrattiva / 일 파쉬노 / 라뜨라띠바		
맥주 한 잔	un bicchiere di birra / 운 비끼에레 디 비라		

머리카락	il capello 일 까뻴로	멍청한	stupido 스뚜삐도
머물다	restare 레스따레	메뉴	il menu 일 메누
먼	lontano 론따노	메니져	il direttore 일 디레또레
먼저	prima 쁘리마	메달	la medaglia 라 메달리아
먼지	la polvere 일 뽈베레	메론	il melone 일 멜로네
멀리	lontano 론따노	메모리	la memoria 라 메모리아
멀미	la nausea 라 나우제아	메스꺼움	la nausea 라 나우제아
멈추다	fermarsi 페르마르시	메트리스	il materasso 일 마떼랏소

머리핀	la forcella / la forcina 라 포르첼라 / 라 포르치나
머릿솔	la spazzola per capelli 라 스빠쫄라 뻬르 까뻴리
먹다	mangiare / prendere 만쟈레 / 쁘렌데레
멀미하다 (비행기)	avere mal d'aereo 아베레 말 다에레오
메인 요리	il secondo piatto 일 세꼰도 삐앗또

멕시코	il Messico 일 멧시꼬	면접	l'intervista 린떼르비스따
멜로디	la melodia 라 멜로디아	면허증	la patente 라 빠뗀떼
멤버	il membro 일 멤브로	멸치	l'acciuga 라츄가
멧돼지	il cinghiale 일 칭기알레	명랑한	allegro 알레그로
며느리	la nuora 라 누오라	명령	l'ordine 오르디네
며칠	qualche giorno 꽐께 죠르노	명사(문법)	il nome 일 노메
면(cotton)	il cotone 일 꼬또네	명상	la meditazione 라 메디따찌오네
면도기	il rasoio 일 라조이오	명승지	il luogo famoso 일 루오고 파모조
면도하다	fare la barba 파레 라 바르바	명인	il maestro 일 마에스뜨로

면세	il duty free / l'esente da dazio doganale 일 듀티프리 / 레센떼 다 다찌오 도가날레
면세점	il negozio esentasse 일 네고찌오 에센따세
면세품	l'articolo esentasse 라르띠꼴로 에센따쎄
명절, 공휴일	il giorno festivo 일 죠르노 페스띠보

한국어	이탈리아어	한국어	이탈리아어
명확한	chiaro 끼아로	모기장	la zanzariera 라 잔자리에라
명확히 하다	chiarire 끼아리레	모뎀(modem)	il modem 일 모뎀
몇 년	qualche anno 꽐께 안노	모두	tutti 뚜띠
몇 달	qualche mese 꽐께 메제	모든 것	tutto 뚜또
몇 시에	a che ora 아 께 오라	모든 곳에	dappertutto 다뻬르뚜또
몇몇의	qualche 꽐께	모래	la sabbia 라 삽비아
모기	la zanzara 라 잔자라	모레	dopodomani 도뽀도마니

명함	il biglietto da visita 일 빌리에또 다 비지따
몇 주	qualche settimana 꽐께 세띠마나
모니터	il monitor / lo schermo 일 모니또르 / 로 스께르모
모닝콜	la sveglia telefonica 라 즈벨리아 뗄레포니까
모닝콜하다	dare la sveglia telefonica 다레 라 즈벨리아 뗄레포니까
모델	il modello (남자) / la modella (여자) 일 모델로 / 라 모델라

한국어	이탈리아어	발음
모르다	non sapere	논 사페레
모시	la ramia	라 라미아
모양	la forma	레 포르마
모으다	raccogliere	라꼴리에레
모음	la vocale	라 보깔레
모이다	unirsi	우니르시
모자	il cappello	일 까뻴로
모조품	l'imitazione	리미따찌오네
모조하다	imitare	이미따레
모터	il motore	일 모또레
모퉁이	l'angolo	랑골로
모포	la coperta	라 꼬뻬르따
모험	l'avventura	라벤뚜라
모험하다	avventurare	아벤뚜라레
목	il collo	일 꼴로
목걸이	la collana	라 꼴라나
목구멍	la gola	라 골라
목덜미	la nuca	라 누까
목도리	la sciarpa	라 샤르빠
목록	il listino	일 리스띠노
목소리	la voce	라 보체
목수	il falegname	일 팔레냐메
목숨	la vita	라 비따
목요일	il giovedi	일 죠베디
목욕	il bagno	일 바뇨

목욕시키다	**lavare** 라바레
목욕탕	**il bagno** 일 바뇨
목욕하다	**lavarsi** 라바르시
목장	**la fattoria** 라 파또리아
목재	**il legname** 일 레냐메
몫	**la parte** 라 빠르떼
몸	**il corpo** 일 꼬르뽀
몸조심	**la cura** 라 꾸라
몸조심하다	**curarsi** 꾸라르씨
몹시	**molto / tanto** 몰또/딴또
못	**il chiodo** 일 끼오도
목적	**l'obiettivo / lo scopo** 로비에띠보 / 로 스꼬뽀
못생긴	**brutto** 브룻또
묘사	**la descrizione** 라 데스끄리찌오네
묘사하다	**descrivere** 데스끄리베레
무(야채)	**la rapa** 라 라빠
무거운	**pesante** 뻬잔떼
무게	**il peso** 일 뻬조
무관심	**la indifferenza** 라 인디페렌자
무기	**l'arma** 라르마
무대	**la scena** 라 쉐나
무더운	**affoso / torrido** 아포조 / 또리도
무료로	**gratis** 그라띠스
무선 인터넷	**l'internet senza filo** 린떼르넷뜨 센자 필로

무료의	gratuito 그라뚜이또
무릎	il ginocchio 일 지노끼오
무엇, 무슨	che cosa 께 꼬자
무역 전시회	la fiera 라 피에라
무연의	senza piombo 센자 삐옴보
무우	la rapa 라 라빠
무죄의	innocente 인노첸떼
무화과	il fico 일 피꼬
묵다	soggiornare 소죠르나레
무역	lo scambio commerciale 로 스깜비오 꼬메르치알레
문서, 서류	il documento 일 도꾸멘또
문을 닫다	chiudere la porta 끼우데레 라 뽀르따
문을 잠그다	chiudere la porta a chiave 끼우데레 라 뽀르따 아 끼아베
묵주	il rosario 일 로자리오
묶다	legare 레가레
문	la porta 라 뽀르따
문구점	la cartoleria 라 까르똘레리아
문명	la civiltà 라 치빌따
문법	la grammatica 라 그람마띠까
문어	la lingua scritta 라 링구아 스끄릿따
문어(생선)	il polpo 일 뽈뽀
문을 열다	aprire la porta 아쁘리레 라 뽀르따

문자	la lettera 라 레떼라	물갈퀴(잠수용)	le pinne 레 삔네
문장	la frase 라 프라제	물건	la cosa 라 꼬자
문제	il problema 일 쁘로블레마	물건	la roba 라 로바
문학	la letteratura 라 레떼라뚜라	물고기	il pesce 일 뻬쉐
문화	la cultura 라 꿀뚜라	물들이다	tingere 띤제레
묻다(땅에)	sotterrare 소떼라레	물론	certo 체르또
묻다(질문)	domandare 도만다레	물리학	la fisica 라 피지까
물	l'acqua 라꽈	물소	il bufalo 일 부팔로

문화유산	il monumento culturale 일 모누멘또 꿀뚜랄레
문화원	l'istituto di cultura 리스띠뚜또 디 꿀뚜라
물 한 잔	un bicchiere d'acqua 운 비끼에레 다꽈
물안경	gli occhiali da sub 리 오끼알리 다 숩
물음표	il punto interrogativo 일 뿐또 인떼로가띠보

한국어	이탈리아어	한국어	이탈리아어
물질	la materia 라 마떼리아	미소	il sorriso 일 소리조
물집	la bolla 라 볼라	미소를 짓다	sorridere 소리데레
뮤지컬	il musical 일 무지깔	미술	la bell'arte 라 벨라르떼
미국	gli Stati Uniti 리 스따띠 우니띠	미술관	la pinacoteca 라 삐나꼬떼까
미국 사람	l'americano 라메리까노	미스터(Mr.)	signore 시뇨레
미끄러지다	scivolare 쉬볼라레	미신	la superstizione 라 수뻬르스띠찌오네
미끄럼틀	lo scivolo 로 쉬볼로	미신적인	superstizioso 수뻬르스띠찌오조
미래	il futuro 일 푸뚜로	미안합니다	Scusi! 스꾸지
미리	in anticipo 인 안디치뽀	미장원	il parrucchiere 일 빠루끼에레
미망인	la vedova 라 베도바	미지근한	tiepido 띠에삐도

물탱크	il serbatoio dell'acqua 일 세르바또이오 델라꾸아
미등	la luce retromarcia 라 루체 레뜨로 마르챠
미친, 정신나간	matto / pazzo 맛또 / 빳조

미혼자	il single / 일 싱글
믹서기	il frullatore / 일 프룰라또레
민족(인종)	la razza / 라 라짜
민주주의	la democrazia / 라 데모끄라찌아
민트	la menta / 라 멘따
믿다	credere / 끄레데레
믿음	la fiducia / 라 피두치아
밀 (곡식)	il grano / 일 그라노
밀가루	la farina / 라 파리나
밀다	spingere / 스삔제레
밀수	il contrabbando / 일 꼰뜨라반도
밀월	la luna di miele / 라 루나 디 미엘레
밀크커피	il caffellatte / 일 까펠랏떼
민요	il canto tradizionale / 일 깐또 뜨라디찌오날레
밀수하다	contrabbandare / 꼰뜨라반다레
신혼 여행	le nozze di miele / 레 놋쩨 디 미엘레

ㅂ

바	il bar 일 바르
바구니	il cestino 일 체스띠노
바꾸다	cambiare 깜비아레
바나나	la banana 라 바나나
바느질하다	cucire 꾸치레
바늘	l'ago 라고
바꿔타다(교통 수단)	prendere la coincidenza 쁘렌데레 라 꼬인치덴자
바느질	il lavoro di cucito 일 라보로 디 꾸치또
바디(와인), 몸통(신체)	il corpo 일 꼬르뽀
바람둥이(남자)	il donnaiolo 일 돈나이올로
바쁜	occupato / impegnato 오꾸빠또 / 임뻬냐또
바다	il mare 일 마레
바다가재	l'aragosta 라라고스따
바닥	il pavimento 일 빠비멘또
바라다	desiderare 데지데라레
바라보다	guardare 구아르다레
바람	il vento 일 벤또
바람개비	la girandola 라 지란돌라
바람이 불다	tirare vento 띠라레 벤또

바이러스	il virus 일 비루스	박다	piantare 삐안따레
바이올린	il violino 일 비올리노	박물관	il museo 일 무제오
바지	i pantaloni 이 빤딸로니	박사	il dottore 일 도또레
바지락(조개)	le vongole 레 봉골레	박수	l'applauso 라쁠라우조
바코드	il codice barra 일 꼬디체 바라	박수를 치다	applaudire 아쁠라우디레
바퀴	la ruota 라 루오따	박하	la menta 라 멘따
바퀴벌레	lo scarafaggio 로 스까라팟죠	밖	l'esterno 레스떼르노
바텐더	il barista 일 바리스따	밖에	fuori 푸오리

바이러스성 병	la malattia virale 라 말라띠아 비랄레
바질(basil 향료)	il basilico 일 바질리꼬
박사과정	il Corso di dottorato di ricerca 일 꼬르소 디 도또라도 디 리체르까
박사학위	il titolo di dottorato 일 띠똘로 디 도또라또
반대로	invece / contrariamente 인베체 / 꼰뜨라리아멘떼

한국어	이탈리아어	한국어	이탈리아어
반(절반)	mezzo 멧조	반창고	il cerotto 일 체롯또
반(학급)	la classe 라 끌라쎄	반칙	il fallo 일 팔로
반대하다	opporsi 오뽀르씨	받다	ricevere 리체베레
반복하다	ripetere 리뻬떼레	받아들이다	accettare 아체따레
반응	la riflessione 라 리플레시오네	발	il piede 일 삐에데
반장	il capoclasse 일 까뽀끌라세	발가락	il dito del piede 일 디또 델 삐에데
반지	l'anello 라넬로	발명하다	inventare 인벤따레
반지름	il raggio 일 라죠	발목	la caviglia 라 까빌리아
반숙(달걀)			l'uovo a' la coque 루오보 알라 꼬끄
발견하다			scoprire / trovare 스꼬쁘리레 / 뜨로바레
발등			il dorso del piede 일 도르소 델 삐에데
발삼 식초			l'aceto balsamico 라체또 발사미꼬
발생하다			succedere / accadere 수체데레 / 아까데레

한국어	이탈리아어	한국어	이탈리아어
발신인	il mittente 일 미뗀떼	밤	la notte 라 놋떼
발음	la pronuncia 라 쁘로눈치아	밤(과일)	la castagna 라 까스따냐
발전하다	sviluppare 즈빌루빠레	밤색의	marrone 마로네
발코니	il balcone 일 발꼬네	방(room)	la camera 라 까메라
발톱	l'unghia del piede 룽기아 델 삐에데	방금 전	poco fa 뽀꼬 파
발표하다	annunciare 아눈치아레	방문	la visita 라 비지따
발효	la fermentazione 라 페르멘따찌오네	방문객	il visitatore 일 비지따또레
밝은	chiaro 끼아로	방문하다	visitare 비지따레
밝혀내다	rivelare 리벨라레	방법	il metodo 일 메또도

방 번호	il numero della camera 일 누메로 델라 까메라
방문 목적	lo scopo della visita 로 스꼬뽀 델라 비지따
방송국	la stazione radiotelevisiva 라 스따찌오네 라디오뗄레비지바
방송하다	trasmettere / mettere in onda 뜨라스메떼레 / 메떼레 인 온다

한국어	이탈리아어	한국어	이탈리아어
방부제	l'antisettico 란띠세띠꼬	배(과일)	la pera 라 뻬라
방석	il cuscino da sedia 일 꾸쉬노 다 세디아	배(신체의)	la pancia 라 빤챠
방송	la trasmissione 라 뜨라스미씨오네	배고프다	avere fame 아베레 파메
방식	il modo 일 모도	배고픔	la fame 라 파메
방어	la difesa 라 디페자	배구	il pallavolo 일 빨라볼로
방어하다	difendere 디펜데레	배꼽	l'ombellico 롬벨리꼬
방학	le vacanze 레 바깐쩨	배나무	il pero 일 뻬로
방향	la direzione 라 디레찌오네	배낭	lo zaino 로 자이노
방향 지시등	la freccia 라 프레챠	배반	il tradimento 일 뜨라디멘또
배 멀미	il mal di mare 일 말 디 마레	배반하다	tradire 뜨라디레
방을 빌리다	prendere in affitto una camera 쁘렌데레 인 아핏또 우나 까메라		
배(교통 수단)	la barca/ la nave 라 바르까 / 라 나베		
배우	l'attore(남자) / l'attrice(여자) 라또레/라뜨리체		

한국어	이탈리아어	한국어	이탈리아어
배영(수영)	il dorso 일 도르소	백 유로	cento euro 첸또 에우로
배우다	imparare 임빠라레	백과사전	l'enciclopedia 렌치끌로뻬디아
배추	il cavolo 일 까볼로	백만	un milione 운 밀리오네
배터리	la batteria 라 바떼리아	백발	i capelli grigi 이 까뺄리 그리지
백	cento 첸또	백포도주	il vino bianco 일 비노 비앙꼬
백 달러	cento dollari 첸또 돌라리	백합	il giglio 일 질리오

배터리를 충전하다	caricare la batteria 까리까레 라 바떼리아
백미러(자동차)	lo specchietto retrovisore 로 스뻬끼에또 레뜨로비조레
백화점	il grande magazzino 일 그란데 마가지노
버스	l'autobus / il pullman 라우또부스 / 일 뿔망
버스 정류소	la fermata dell'autobus 라 페르마따 델라우또부스
버스 종점	la capolinea dell'autobus 라 까뽀리네아 델라우또부스
버스터미널	il terminale dell'autobus 일 떼르미날레 델라우또부스

한국어	이탈리아어	한국어	이탈리아어
뱀	il serpente 일 세르뻰떼	벌(곤충)	l'ape 라뻬
뱀장어	l'anguilla 랑귈라	벌(형벌)	la punizione 라 뿌니찌오네
버섯	il fungo 일 풍고	벌금	la multa 라 물따
버찌(열매)	la ciliegia 라 칠리에좌	벌써	già 좌
버터	il burro 일 부로	범(호랑이)	la tigre 라 띠그레
번개	il fulmine 일 플미네	범죄	il crimine 일 끄리미네
번역	la traduzione 라 뜨라두찌오네	범퍼(자동차)	il paraurto 일 빠라우르또
번역가	il traduttore 일 뜨라둣또레	법	la legge 라 렛제
번역하다	tradurre 뜨라두레	벗다	togliersi 똘례르시
범위	la portata 라 뽀르따따		
베이컨	la pancetta affumicata 라 빤쳇따 아푸미까따		
베트남 사람	il vietnamita(남자) / la vietnamita(여자) 일 비에뜨나미따 / 라 비에뜨나미따		
베트남어	la vietnamita / la lingua vietnamita 라 비에뜨나미따 / 라 링구아 비에뜨나미따		

벚나무	il ciliegio 일 칠리에죠	벽돌	il mattone 일 마또네
베개	il cuscino 일 꾸쉬노	벽돌공	il muratore 일 무라또레
베터리	la batteria 라 밧떼리아	변명	la scusa 라 스꾸자
베트남	la Vietnam 라 비에뜨남	변명하다	scusare 스꾸자레
벤치	la panchina 라 빵끼나	변비	la stitichezza 라 스띠띠껫짜
벨브(valve)	la valvola 라 발볼라	변비약	il lassativo 일 랏사띠보
벨트	la cintura 라 친뚜라	변호사	l'avvocato 라보까또
벽(집)	il muro 일 무로	별	la stella 라 스뗄라

벨보이	il fattorino d'albergo 일 파또리노 달베르고
벽난로	il caminetto / il focolare 일 까미네또 / 일 포꼴라레
벽시계	l'orologio a muro 로롤로죠 아 무로
변소	il bagno / il toilette 일 바뇨 / 일 또일레또
변속기어(자동차)	la leva del cambio 라 레바 델 깜비오

별미	la specialità 라 스뻬찰리따	보관소(옷)	la guardaroba 라 과르다로바
별장	la villa 라 빌라	보관하다	conservare 꼰세르바레
병(질병)	la malattia 라 말라띠아	보급하다	fornire 포르니레
병	la bottiglia 라 보띨랴	보기(예)	l'esempio 레젬뾰
병마게	il tappo 일 땁뽀	보다	vedere 베데레
병아리	il pulcino 일 뿔치노	보답	il compenso 일 꼼뻰소
병원	l'ospedale 로스뻬달레	보답하다	compensare 꼼뻰사레
보고서	la relazione 라 렐라찌오네	보도(報道)	la trasmissione 라 뜨라스미시오네

병따게	l'apribottiglie / il cavatappi 라쁘리보띨례 / 일 까바따삐
병맥주	la birra in bottiglia 라 비라 인 보띨랴
병입	l'imbottigliamento 림보띨랴멘또
보건소	l'unità sanitaria locale 루니따 사니따리아 로깔레
보내다	spedire / mandare 스뻬디레 / 만다레

보도(步道)	il marciapiede 일 마르챠삐에데
보도하다	trasmettere 뜨라스멧떼레
보따리	il sacco 일 삭꼬
보라 색의	viola 비올라
보름달	la luna piena 라 루나 삐에나
보리	l'orzo 로르조
보리차	il tè d'orzo 일 떼 도르조
보물	il tesoro 일 떼조로
보상	il compenso 일 꼼뻰소
보상으로	in compenso 인 꼼뻰소
보석	il gioiello 일 죠이엘로
보석상	la gioielleria 라 죠이엘레리아
보어	il complemento 일 꼼쁠레멘또
보여주다	mostrare 모스뜨라레
보장하다	garantire 가란띠레
보조개	la fossetta 라 포셋따
보수주의자	il conservatore 일 꼰세르바또레
보조동사	il verbo ausiliare 일 베르보 아우질리아레
보증 기간	il periodo di granzia 일 뻬리오도 디 가란찌아
보충	il rifornimento / il riempimento 일 리포르니멘또 / 일 리엠삐멘또
보충하다	rifornire / riempire 리포르니레 / 리엠삐레

한국어	이탈리아어	한국어	이탈리아어
보조의	ausiliare 아우질리아레	보행자	il pedone 일 뻬도네
보증	la garanzia 라 가란찌아	보험	l'assicurazione 라시꾸라찌오네
보증금	il deposito 일 데뽀지또	복구하다	recuperare 레꾸뻬라레
보증하다	garantire 가란띠레	복권	il lotto 일 롯또
보통 열차	il treno locale 일 뜨레노 로깔레	복권방	la lotteria 라 롯떼리아
보통의	normale 노르말레	복도	il corridoio 일 꼬리도요
보트	la barca 라 바르까	복사	la fotocopia 라 포또꼬뻬아
보행로	il marciapiede 일 마르챠삐에데	복수(複數)	il plurale 일 쁠루랄레
보행 지역	la zona pedonale 라 조나 뻬도날레		
보험회사	la compania assicurativa 라 꼼빠니아 아시꾸라띠바		
복사기	la fotocopiatrice 라 포또꼬뻬아뜨리체		
복사하다	fotocopiare / copiare 포또꼬뻬아레 / 꼬뻬아레		
본적	l'indirizzo permanente 린디릿쪼 뻬르마넨떼		

한국어	이탈리아어	한국어	이탈리아어
복수(複數)의	plurale 쁠루랄레	봉사하다	servire 세르비레
복숭아	la pesca 라 뻬스까	봉투	la busta 라 부스따
복잡한	complicato 꼼쁠리까또	부가하다	aggiungere 아쥰제레
본사	la sede centrale 라 세데 첸뜨랄레	부근	il vicinato 일 비치나또
본점	la sede centrale 라 세데 첸뜨랄레	부끄러운	timido 띠미도
볼(뺨)	la guancia 라 관챠	부끄러워하다	vergognarsi 베르고냐르시
볼펜	il biro 일 비로	부동산	l'immobile 림보빌레
봄	la primavera 라 쁘리마베라	부드러운	morbido 모르비도
봉사	il servizio 일 세르비찌오	부르다	chiamare 끼아마레

봉사료	la tassa per per il servizio 라 땃사 뻬르 일 세르비찌오
부가	l'addizione / l'aggiunta 라디찌오네 / 라쥰따
부가세	l'IVA / l'imposta sul valore aggiunto 리바 / 림뽀스따 술 발로레 아쥰또
부두	la banchina / il molo 라 방끼나 / 일 몰로

한국어	이탈리아어	한국어	이탈리아어
부모	i genitori 이 제니또리	부엌	la cucina 라 꾸치나
부부	marito e moglie 마리또 에 몰리에	부유한	ricco 리꼬
부분	la parte 라 빠르떼	부인	la signora 라 시뇨라
부사(문법)	l'avverbio 라베르비오	부정적인	negativo 네가띠보
부상당한	ferito 페리또	부정하다	negare 네가레
부서	il dipartimento 일 디빠르띠멘또	부조종사	il copilota 일 꼬삘로따
부수다	rompere 롬뻬레	부족	la mancanza 라 망깐짜
부어오른	gonfio 곤피오	부족하다	mancare 망까레

부작용	l'effetto collaterale 레페또 꼴라떼랄레
부정관사	l'articolo indeterminativo 라르띠꼴로 인데떼르미나띠보
부탁하다	chiedere un favore 끼에데레 운 파보레
북아메리카	l'America del Nord 라메리까 델 노르드
북한	la Corea del Nord 라 꼬레아 델 노르드

한국어	이탈리아어	한국어	이탈리아어
부족한	mancante 망깐떼	분석	l'analisi 라날리지
부추	il porro 일 뽀로	분석하다	analizzare 아날리자레
부츠(boots)	gli stivali 리 스띠발리	분수	la fontana 라 폰따나
부탁	il favore 일 파보레	분야	il settore 일 셋또레
부품	i pezzi 이 뻿찌	분필	il gesso 일 젯소
부활절	la Pasqua 라 빠스꽈	분홍색의	rosa 로자
북극	il polo nord 일 뽈로 노르드	불(火)	il fuoco 일 푸오꼬
북쪽	il nord 일 노르드	불규칙의	irregolare 이레골라레
분(시간)	il minuto 일 미누또	불루베리	il mirtillo 일 미르띨로
분(화장품)	la cipria 라 치쁘리아	불만족한	scontento 스꼰뗀또
분리된	separato 세빠라또	불면증	l'insonnia 린손니아

불시착	l'atterraggio d'emergenza 라떼라죠 데메르젠자
불이 나다	scoppiare incendio 스꼬삐아레 인첸디오

불법의	illegale 일레갈레
불안한	instabile 인스따빌레
불완전한	imperfetto 임뻬르펫또
불운한	sfortunato 스포르뚜나또
불을 끄다	spegnere 스뻰녜레
불을 붙이다	accendere 아첸데레
불편한	scomodo 스꼬모도
불행한	infelice 인페리체
불행히도	purtroppo 뿌르뜨롭뽀
불확실함	l'incertezza 린체르뗏짜
붉은 색의	rosso 롯소
붓	il pennello 일 뻰넬로
붕대	la benda 라 벤다
붙들다	tenere 떼네레
브래지어	il reggiseno 일 레지세노
브랜드	il marchio 일 마르끼오
브레이크	il freno 일 프레노
브레이크를 잡다	frenare 프레나레
브랜디	il brandy / l'acquavite 일 브렌디 / 라꽈비떼
브레이크라이닝	la guarnizione del freno 라 과르니찌오네 델 프레노
블라우스(blouse)	la camicetta 라 까메쳇따
비계(기름 조각)	il grasso / il lardo 일 그랏소 / 일 라르도

한국어	이탈리아어	한국어	이탈리아어
브로치	la spilla 라 스삘라	비교하다	confrontare 꼰프론따레
브로콜리	il broccolo 일 브로꼴로	비극	la tragedia 라 뜨라제디아
블랙베리	la mora 라 모라	비기다	pareggiare 빠레좌레
블랙커피	il caffè liscio 일 까페 리쇼	비뇨기과 의사	l'urologo 루롤로고
비(雨)	la pioggia 라 삐오좌	비누	il sapone 일 사뽀네
비(빗자루)	la scopa 라 스꼬빠	비둘기	il piccione 일 삐쵸네
비가 오다	piovere 삐오베레	비듬	la forfora 라 포르포라
비관주의자	il pessimista 일 뻬시미스따	비밀	il segreto 일 세그레또

한국어	이탈리아어
비교	la comparazione 라 꼼빠라찌오네
비밀번호	il numero segreto / PIN 일 누메로 세그레또 / 핀
비상구	l'uscita di emergenza 루쉬따 디 에메르젠자
비서	il segretario(남자) / la segretaria(여자) 일 세그레따리오 / 라 세그레따리아
비치타올(beach towel)	il telo da spiaggia 일 뗄로 다 스삐아좌

한국어	이탈리아어	한국어	이탈리아어
비서실	la segreteria 라 세그레떼리아	비용	il costo 일 꼬스또
비스킷	il biscotto 일 비스꼿또	비용이 들다	costare 꼬스따레
비슷한	simile 시밀레	비자	il visto 일 비스또
비올라	la viola 라 비올라	비타민	la vitamina 라 비따미나
비옷	l'impermeabile 림뻬르메아빌에	비탈길	il sentiero 일 센띠에로

비프스테이크	la bistecca di manzo 라 비스떼까 디 만조
비행 스케줄	l'orario dei voli 로라리오 데이 볼리
비행기	l'aeroplano / il volo 라에로쁠라노 / 일 볼로
비행기 멀미	il mal d'aereo 일 말 다에레오
비행기 번호	il numero del volo 일 누메로 델 볼로
비행기로(비행기를 타고)	in aereo 인 아에레오
비행기를 놓치다	perdere il volo 뻬르데레 일 볼로
비행기를 타다	prendere il volo 쁘렌데레 일 볼로

한국어	이탈리아어	한국어	이탈리아어
비판하다	criticare 끄리띠까레	빨대	la cannuccia 라 깐누챠
빈티지	l'annata 란나따	빨래	il bucato 일 부까또
빈혈	l'anemia 라네미아	빨래집게	la molletta 라 몰렛따
빌라	la villa 라 빌라	빨리	presto 쁘레스또
빌리다	prestare 쁘레스따레	빵	il pane 일 빠네
빗	il pettine 일 뻬띠네	빵집	il fornaio 일 포르나이오
빗다	pettinarsi 뻬띠나르시	빼다	estrarre 에스뜨라레
빚	il debito 일 데비또	뺨	la guancia 라 관챠
빛	la luce 라 루체	뽑다	togliere 똘레레
빠른	rapido 라삐도	뾰족한	acuto 아꾸또
빨간색의	rosso 롯소	삐다	slogarsi 즐로가르시
빠른 우편		la posta prioritaria 라 뽀스따 쁘리오리따리아	
빨래를 널다		stendere il bucato 스뗀데레 일 부까또	

ㅅ

한국어	이탈리아어
사(4)	**quattro** 꽈뜨로
사거리	**la crocevia** 라 끄로체비아
사건	**l'evento** 레벤또
사고	**l'incidente** 린치덴떼
사과	**la mela** 라 멜라
사과 나무	**il melo** 일 멜로
사나운	**feroce** 페로체
사랑니	**il dente del giudizio** 일 덴떼 델 쥬디찌오
사랑에 빠진	**innamorato** 인나모라또
사립 박물관	**il museo privato** 일 무제오 쁘리바또
사립대학	**l'università privata** 루니베르시따 쁘리바따
사냥꾼	**il cacciatore** 일 까챠또레
사냥을 하다	**cacciare** 까챠레
사다(구입하다)	**comprare** 꼼쁘라레
사다리	**la scala** 라 스깔라
사라지다	**sparire** 스빠리레
사람	**la gente** 라 젠떼
사랑	**l'amore** 라모레
사랑하다	**amare** 아마레
사막	**il deserto** 일 데제르또

한국어	이탈리아어
사망	la morte 라 모르떼
사망하다	morire 모리레
사무실	l'ufficio 루피쵸
사물	l'oggetto 로젯또
사백(400)	quattrocento 꽈뜨로첸또
사순절	la Quaresima 라 꽈레지마
사십(40)	quaranta 꽈란따
사업	l'affare 라파레
사업가	l'uomo d'affare 루오모 다파레
사용	l'uso 루조
사용하다	usare 우자레
사원(절)	il tempio 일 뗌삐오
사월	l'aprile 라쁘릴레
사위	il genero 일 제네로
사육	l'allevamento 랄레바멘또
사이에	fra / tra 프라 / 뜨라
사이즈	la taglia 라 딸리아
사이클	il ciclismo 일 치끌리즈모
사자	il leone 일 레오네
사장	il presidente 일 쁘레지덴떼
사원(직원)	l'impiegato(남자) / l'impiegata(여자) 림삐에가또 / 림삐에가따
사육하다, 양육하다	allevare 알레바레
사이드미러(자동차)	lo specchietto esterno 로 스뻬끼오 에스떼르노

사적인	privato 쁘리바또	사탕	la caramella 라 까라멜라
사전	il dizionario 일 디찌오나리오	사파이어	il zaffiro 일 자피로
사제, 신부	il prete 일 쁘레떼	사회	la società 라 소치에따
사진	la foto 라 포또	사회적인	sociale 소치알레
사진가	il fotografo 일 포또그라포	삭제하다	cancellare 깐첼라레
사찰	il tempio 일 뗌삐오	산(酸)	l'acido 라치도
사촌	il cugino 일 꾸지노	산도	l'acidità 라치디따

사진을 찍다	fare la foto / fotografare 파레 라 포또 / 포또그라파레
사투리, 방언(方言)	il dialetto 일 디알렛또
산(山)	la montagna / il monte 라 몬따냐 / 일 몬떼
산맥	la catena montuosa 라 까떼나 몬뚜오자
산부인과	lo studio ginecologico 로 스뚜디오 지네꼴로지꼬
산부인과 의사	il ginecologo 일 지네꼴로고

한국어	이탈리아어
산소	l'ossigeno 로시제노
산업	l'industria 린두스뜨리아
산책	la passeggiata 라 빠세좌따
산책하다	passeggiare 빠세좌레
살	la carne 라 까르네
살구	l'albicocca 랄비꼬까
살다	vivere 비베레
살찐	grasso 그랏소
삶	la vita 라 비따
삶다	bollire 볼리레
삶은 계란	l'uovo boillito 루오보 볼리또
산소 마스크	la maschera a ossigeno 라 마스께라 아 오시제노
상담	la consultazione 라 꼰술따찌오네
삼(3)	tre 뜨레
삼(대마)	la canapa 라 까나빠
삼각대	il treppiede 일 뜨레삐에데
삼각자	la squadra 라 스꽈드라
삼겹살	la pancetta 라 빤쳇따
삼백(300)	trecento 뜨레첸또
삼십(30)	trenta 뜨렌따
삼월	il marzo 일 마르쪼
삼촌, 작은 아버지	lo zio 로 찌오
상(賞)	il premio 일 쁘레미오
상관없다	non c'entrare 논 첸뜨라레

한국어	이탈리아어	한국어	이탈리아어
상당히	**abbastanza** 아바스딴짜	상표	**il marchio** 일 마르끼오
상대적인	**relativo** 렐라띠보	상호적인	**reciproco** 레치쁘로꼬
상상하다	**immaginare** 임마지나레	상황	**la situazione** 라 시뚜아찌오네
상어	**lo squalo** 로 스꽐로	새(조류)	**l'uccello** 루첼로
상자	**la scatola** 라 스까똘라	새끼(동물의)	**il cucciolo** 일 꾸촐로
상장(주식)	**la quotazione** 라 꿔따찌오네	새끼손가락	**il mignolo** 일 미뇰로
상처	**la ferita** 라 페리따	새로운	**nuovo** 누오보
상추	**la lattuga** 라 라뚜가	새벽	**l'alba** 랄바
상대적으로			**relativamente** 렐라띠바멘떼
상대팀			**la squadra avversaria** 라 스꽈드라 아베르사리아
상세히			**dettagliatamente** 데딸리아따멘떼
상품			**la merce / il prodotto** 라 메르체 / 일 쁘로돗또
새우			**il gambero / il gamberetto** 일 감베로 / 일 감베렛또

한국어	이탈리아어
색깔	il colore 일 꼴로레
샘플	il campione 일 깜삐오네
색소폰(혼)	il sassofono 일 삿소포노
생각	il pensiero 일 뻰시에로
색인	l'indice 린디체
생각하다	pensare 뻰사레
색종이	la carta colorata 라 까르따 꼴로라따
생강	il zenzero 일 젠제로
샐러드	l'insalata 린살라따
생기다(일이)	succedere 수체데레
샘	il fonte 일 폰떼
생리대	l'assorbente 라소르벤떼
새해	il capodanno / l'anno nuovo 일 까뽀단노 / 란노 누오보
색연필	la matita colorata 라 마띠따 꼴로라따
샌드위치	il panino / il tramezzino 일 빠니노 / 일 뜨라멧찌노
샐비어(sage 향료)	la salvia 라 살비아
생각을 바꾸다	cambiare idea 깜비아레 이데아
생년월일	la data di nascita 라 다따 디 나쉬따
생리(여성)	la mestruazione 라 메스뜨루아찌오네

한국어	이탈리아어	한국어	이탈리아어
생명	la vita 라 비따	생식기	il genitalie 일 제니딸레
생물학	la biologia 라 비올로지아	생일	il compleanno 일 꼼쁠레안노
생산성	la produttività 라 쁘로두띠비따	생존하다	sopravvivere 소쁘라비베레
생산하다	produrre 쁘로두레	생쥐	il topolino 일 또뽈리노
생선	il pesce 일 뻬쉐	생태 관광	l'ecoturismo 레꼬뚜리즈모
생선 가게	la pescheria 라 뻬스께리아	생태계	l'ecosistema 레꼬시스떼마
생선 장수	il pescivendolo 일 뻬쉬벤돌로	생활	la vita 라 비따
생수	l'acqua minerale 라꽈 미네랄레	생활비	il costo della vita 일 꼬스또 델라 비따

생리통	il dolore mestruale 일 돌로레 메스뜨루알레
생맥주	la birra alla spina 라 비라 알라 스삐나
생산자	il produttore / il fabbricante 일 쁘로두또레 / 일 파브리깐떼
생방송	la trasmissione in diretta 라 뜨라스미시오네 인 디렛따
생일 케이크	la torta di compleanno 라 또르따 디 꼼쁠레안노

한국어	이탈리아어	한국어	이탈리아어
샤베트	il sorbetto 일 소르벳또	서리	la brina 라 브리나
샤워	la doccia 라 돗챠	서명(사인)	la firma 라 피르마
샴페인	lo spumante 로 스뿌만떼	서명하다	firmare 피르마레
샹들리에	il lampadario 일 람빠다리오	서비스	il servizio 일 세르비찌오
서늘한	fresco 프레스꼬	서비스하다	servire 세르비레
서대기(어류)	la sogliola 라 솔리올라	서술하다	narrare 나라레
서두르다	sbrigarsi 즈브리가르시	서식, 양식(樣式)	il modulo 일 모둘로
서두름	la fretta 라 프렛따	서양의	occidentale 오치덴딸레
서둘러라!	Sbrigati! 즈브리가띠!	서점	la libreria 라 리브레리아
서랍	il cassetto 일 까셋또	서커스	il circo 일 치르꼬
서류	il documento 일 도꾸멘또	석류	la melagrana 라 멜라그라나

샤워를 하다   fare la doccia
파레 라 돗차

샴푸   lo sciampo / lo shampoo
로 샴뽀 / 로 샴뽀

한국어	이탈리아어	한국어	이탈리아어
섞다	miscelare 미쉘라레	선택	la scelta 라 쉘따
선(라인)	la linea 라 리네아	선택하다	scegliere 쉘레레
선거	l'elezione 렐레찌오네	선행성	l'anteriorità 란떼리오리따
선물	il regalo 일 레갈로	선호하다	preferire 쁘레페리레
선물하다	regalare 레갈라레	설명서	il manuale 일 마누알레
선반	lo scaffale 로 스까팔레	설명하다	spiegare 스삐에가레
선생님	l'insegnante 린세냔떼	설비	l'attrezzatura 라뜨레자뚜라
선실	la cabina 라 까비나	설사	la diarrea 라 디아레아
선장	il capitano 일 까삐따노	설탕	lo zucchero 로 쭈께로
선출하다	eleggere 엘렛제레	설탕 그릇	la zuccheriera 라 쭈께리에라
선크림	la crema da sole 라 끄레마 다 솔레	섬	l'isola 리솔라
선글라스	gli occhiali da sole 리 오끼알리 다 솔레		
선수(選手)	il giocatore(남자) / la giocatrice(여자) 일 죠까또레 / 라 죠까뜨리체		

한국어	이탈리아어	한국어	이탈리아어
섬세한	delicato 델리까또	성생활	la vita sessuale 라 비따 셋수알레
섭섭한	dispiaciuto 디스삐아츄또	성장하다	crescere 끄레쉐레
성(城)	il castello 일 까스뗄로	성탄절	il Natale 일 나딸레
성(姓)	il cognome 일 꼬뇨메	세계	il mondo 일 몬도
성(性)	il sesso 일 셋소	세관	la dogana 라 도가나
성게	il riccio 일 릿쵸	세관원	il doganiere 일 도가녜레
성격	la caratteristica 라 까라떼리스띠까	세금	la tassa 라 땃사
성당	la chiesa 라 끼에자	세기(기간)	il secolo 일 세꼴로
성냥	il fiammifero / il cerino 일 피암미페로 / 일 체리노		
성인(종교)	il santo(남자) / la santa(여자) 일 산또 / 라 산따		
성형 수술	la chirurgia plastica 라 끼루르좌 쁠라스띠까		
세관 검사	il controllo doganale 일 꼰뜨롤로 도가날레		
세기(힘)	la forza / la potenza 라 포르짜 / 라 뽀뗀짜		

한국어	이탈리아어	한국어	이탈리아어
세다(숫자)	contare 꼰따레	세탁소	la lavanderia 라 라반데리아
세대	la generazione 라 제네라찌오네	셀러리(celery)	il sedano 일 세다노
세례	il battesimo 일 밧떼지모	셀프서비스	il self-service 일 셀프 서비스
세면대	il lavandino 일 라반디노	셋(3)	tre 뜨레
세미나	il seminario 일 세미나리오	셔츠	la camicia 라 까미챠
세번째의	terzo 떼르쪼	소개하다	presentare 쁘레젠따레
세일, 할인판매	lo sconto 로 스꼰또	소금	il sale 일 살레
세척제	il detersivo 일 데떼르시보	소나기	l'acquazzone 라꽈쪼네
세탁기	la lavatrice 라 라바뜨리체	소녀	la ragazza 라 라갓짜

한국어	이탈리아어
셔터(사진기)	il pulsante di scatto 일 뿔산떼 디 스깟또
소	la vacca / il manzo 라 바까 / 일 만조
소개	la presentazione 라 쁘레젠따찌오네
소고기	la carne di manzo 라 까르네 디 만조

100

소년	il ragazzo 일 라갓쪼	소비자	il consumatore 일 꼰수마또레
소다	la soda 라 소다	소비하다	consumare 꼰수마레
소독약	il disinfettante 일 디신페딴데	소설	il romanzo 일 로만조
소리치다	gridare 그리다레	소설가	il romanziere 일 로만지에레
소매(옷의)	la manica 라 마니까	소스(sauce)	la salsa 라 살사
소매치기	il borsaiolo 일 보르사이올로	소아과 의사	il pediatra 일 뻬디아뜨라
소변	l'urina / la pipì 루리나 / 라 삐삐	소아마비	la polio 라 뽈리오
소비	il consumo 일 꼰수모	소유격	il possessivo 뽀세시보

소매(상업)	il commercio al minuto 일 꼼메르쵸 알 미누또
소매상	il dettagliante / il rivenditore 일 데딸리안떼 / 일 리벤디또레
소매하다	vendere al minuto(dettaglio) 벤데레 알 미누또(데딸리아또
소송	il processo / la causa 일 쁘로쳇소 / 라 까우자
소시지	il salame / la salsiccia 일 살라메 / 라 살시치아

한국어	이탈리아어	한국어	이탈리아어
소음	il rumore 일 루모레	속이다	ingannare 인간나레
소재(재료)	il materiale 일 마떼리알레	속임수	l'inganno 린간노
소파	la poltrona 라 뽈뜨로나	속하다	appartenere 아빠르떼네레
소포	il pacco 일 빡꼬	손(手)	la mano 라 마노
소형 트럭	il camioncino 일 까미온치노	손가락	il dito 일 디또
소화	la digestione 라 디제스띠오네	손녀	la nipote 라 니뽀떼
소화 불량	l'indigestione 린디제스띠오네	손님	l'ospite 로스삐떼
속눈썹	la palpebra 라 빨뻬브라	손목	il polso 일 뽈소
속담	il proverbio 일 쁘로베르비오	손바닥	il palmo 일 빨모
속도	la velocità 라 벨로치따	손수건	il fazzoletto 일 파쫄렛또

속도 제한   il limite di velocità
              일 리미떼 디 벨로치따

속도를 줄이다 rallentare la velocità
              란렌따레 라 벨로치따

속옷   la biancheria intima
              라 비앙께리아 인띠마

한국어	이탈리아어
손수레	il carretto 일 까렛또
손자	il nipote 일 니뽀떼
손잡이	la maniglia 라 마닐리아
손질하다	riparare 리빠라레
손톱	la unghia 라 웅기아
손톱깎이	il tagliaunghie 일 딸리아웅기에
손해	il danno 일 단노
손전등	la torcia (elettrica) 라 또르치아 (엘레뜨리까)
솔직히 말하다	dire francamente 디레 프랑까멘떼
송년회	la festa di fine anno 라 페스따 디 피네 안노
송아지 갈비	la braciola di vitello 라 브라치올라 디 비뗄로
송아지 고기	la carne di vitello 라 까르네 디 비뗄로
송장(送狀), 발송장	il conto / l'invoice 일 꼰또 / 린보이스
솔직한	sincero 신체로
솟아오르다	sorgere 소르제레
송금	il bonifico 일 보니피꼬
송금하다	fare il bonifico 파레 일 보니피꼬
송아지	il vitello 일 비뗄로
송어	la trota 라 또르따
쇠고기	la carne manzo 라 까르네 디 만조

한국어	이탈리아어	한국어	이탈리아어
쇼핑	la spesa / 라 스뻬자	수도 수리공	l'idraulico / 리드라울리꼬
쇼핑백	la borsa / 라 보르사	수도원	il convento / 일 꼰벤또
수(數)	il numero / 일 누메로	수도회	l'ordine / 로르디네
수건	l'asciugamano / 라슈가마노	수동적인	passivo / 빠시보
수공업자	l'artigiano / 라르띠지아노	수두	la varicella / 라 바리첼라
수녀	la suora / 라 수오라	수량	la quantità / 라 꽌띠따
수단	il modo / 일 모도	수리하다	riparare / 리빠라레

쇠고기 안심 — il medaglione di manzo / 일 메달리오네 디 만조

쇼핑가 — la via della moda / 라 비아 델라 모다

쇼핑센터 — il centro commerciale / 일 첸뜨로 꼼메르치알레

쇼핑을 하다 — fare la spesa / 파레 라 스뻬자

쇼핑을 하러 가다 — andare a fare la spesa / 안다레 아 파레 라 스뻬자

쇼핑카트 — il carrello per la spesa / 일 까렐로 뻬르 라 스뻬자

한국어	이탈리아어	한국어	이탈리아어
수박	l'anguria 랑구리아	수영을 하다	nuotare 누오따레
수비수	il difensore 일 디펜소레	수영장	la piscina 라 삐쉬나
수송	il trasporto 일 뜨라스뽀르또	수영하다	nuotare 누오따레
수송하다	trasportare 뜨라스뽀르따레	수요일	il mercoledì 일 메르꼴레디
수수료	la provigione 라 쁘로비지오네	수의사	il veterinario 일 베떼리나리오
수신인	il destinatario 일 데스띠나따리오	수입(벌이)	il guadagno 일 과다뇨
수업	la lezione 라 레찌오네	수입업자	l'importatore 림뽀르따또레
수영	il nuoto 일 누오또	수입하다	importare 일뽀르따레

한국어	이탈리아어
수송기	l'aereo da trasporto 라에레오 다 뜨라스뽀르또
수술	l'operazione chiurgica 로뻬라찌오네 끼루르지까
수영복	il costume da bagno 일 꼬스뚜메 다 바뇨
수입(제품의)	l'importazione 림뽀르따찌오네
수입품	l'oggetto importato 로젯또 임뽀르따또

수정(修正)	la correzione 라 꼬렛찌오네	수탉	il gallo 일 갈로
수정(水晶)	il cristallo 일 끄리스딸로	수평선	l'orizzonte 로리존떼
수첩	il taccuino 일 따꾸이노	수표	l'assegno 라세뇨
수출	l'esportazione 레스뽀르따찌오네	수프	la minestra 라 미네스뜨라
수출업자	l'esportatore 레스뽀르따또레	수하물	il bagaglio 일 바갈리오
수출하다	esportare 에스뽀르따레	수학	la matematica 라 마떼마띠까

수표책	il libretto di assegno 일 리브렛또 디 아세뇨
수프 그릇	la ciotola di minestra 라 쵸똘라 디 미네스뜨라
수하물 교환권	lo scontrino bagagli 로 스꼰뜨리노 바갈리
수하물 보관소	il deposito bagagli 일 데뽀지또 바갈리
수하물 취급소	l'ufficio spedizione bagagli 루피쵸 스뻬디찌오네 바갈리
수혈	la trasfusione di sangue 라 뜨라스푸지오네 디 상구에
수화물(hand baggage)	il bagaglio a mano 일 바갈리오 아 마노

한국어	이탈리아어	한국어	이탈리아어
숙모	la zia / 라 찌아	술어(서술어)	il predicato / 일 쁘레디까또
숙박부	il registro / 일 레지스뜨로	숨기다	nascondere / 나스꼰데레
숙소	l'alloggio / 랄노지오	숫자	il numero / 일 누메로
숙제	il compito / 일 꼼삐또	숲	il bosco / 일 보스꼬
순례자	il pellegrino / 일 뻴레그리노	쉬는 시간	l'intervallo / 린떼르발로
순서	l'ordine / 로르디네	쉬다	riposarsi / 리뽀자르시
순수한	puro / 뿌로	쉬운	facile / 파칠레
순진한	ingenuo / 인제누오	쉽게	facilmente / 파칠멘떼
숟가락	il cucchiaio / 일 꾸끼아이오	슈퍼마켓	il supermercato / 일 수뻬르메르까또
술	il liquore / 일 리꾸오레	슛(shoot)	il tiro / 일 띠로

한국어	이탈리아어
수확하다(곡식)	raccogliere / 라꼴리에레
수확하다(포도)	vendemmiare / 벤뎀미아레
숙성	l'invecchiamento / la maturazione / 린베끼아멘또 / 라 마뚜라찌오네

한국어	이탈리아어
스넥	lo spuntino 로 스뿐띠노
스물(20)	venti 벤띠
스웨터	il maglione 일 말리오네
스위스	la Svizzera 라 즈빗쩨라
스카프	la sciarpa 라 쇠르빠
스캔들	lo scandalo 로 스깐달로
스커트	la gonna 라 곤나
스케줄	il programma 일 쁘로그람마
스키	gli sci 리 쉬
스키를 타다	sciare 쉬아레
스키장	il campo da sci 일 깜뽀 다 쉬
스타일리스트	lo stilista 로 스띨리스따
스타킹	le calze 레 깔쩨
스테이크(요리)	la bistecca 라 비스떼까
스튜어디스	la hostess 라 호스떼스
스파게티	gli spaghetti 리 스빠겟띠
스위스 사람	lo svizzero(남자) / la svizzera(여자) 로 즈빗쩨로 / 라 즈빗쩨라
스크램블에그(scrambled egg)	l'uovo strapazzata 루오보 스뜨라빠자따
스탬플러	la spillatrice / la pinzatrice 라 스삘라뜨리체 / 라 삔짜뜨리체
스페어파트	i pezzi di ricambi 이 뻿찌 디 리깜비
스페어타이어	la ruota di scorta 라 루오따 디 스꼬르따

한국어	이탈리아어
스페인	la Spagna 라 스빠냐
스포츠	lo sport 로 스뽀르뜨
스폰지	la spugna 라 스뿌냐
스프링	la molla 라 몰라
스피커	l'altoparlante 랄또빠를란떼
슬라이드	la diapositiva 라 디아뽀지띠바
슬립(slip)	la sottogonna 라 솟또곤나
슬리퍼	le pantofole 레 빤또폴레
슬픈	triste 뜨리스떼
슬픔	la tristezza 라 뜨리스뗏짜
습관	l'abitudine 라비뚜디네
습기	l'umidità 루미디따
습한	umido 우미도
승강기	l'ascensore 라쉔소레
승객	il passeggero 일 빠세제로
승무원	l'equipaggio 레뀌빠죠
시(도시)	la città 라 치따
시(詩)	la poesia 라 뽀에지아
스페인 요리	la cucina spagnola 라 꾸치나 스빠뇰라
스페인어	lo spagnolo / la lingua spagnola 로 스빠뇰로 / 라 링구아 스빠뇰라
스페인 사람	lo spagnolo(남자)/la spagnola (여자) 로 스빠뇰로/라 스빠뇰라
습관적으로	abitualmente 아비뚜알멘떼

한국어	이탈리아어	한국어	이탈리아어
시가(담배)	il sigaro 일 시가로	시내	il centro 일 첸뜨로
시간	l'ora 로라	시럽	lo sciroppo 로 쉬롭뽀
시간당	all'ora 알로라	시민	il cittadino 일 치따디노
시간표	l'orario 로라리오	시설	le attrezzature 레 아뜨레자뚜레
시계	l'orologio 로롤로죠	시세	il prezzo attuale 일 쁘렛쪼 아뚜알레
시계포	la gioielleria 라 죠이엘레리아	시스템	il sistema 일 시스떼마
시금치	gli spinaci 리 스삐나치	시아버지	il suocero 일 수오체로
시기(시대)	l'epoca 레뽀까	시야	la vista / la visione 라 비스따 / 라 비지오네
시끄러운	rumoroso 루모로조	시어머니	la suocera 라 수오체라
시도			il tentativo / la prova 일 뗀따띠보 / 라 쁘로바
시도하다			tentare / provare 뗀따레 / 쁘로바레
시디버너(CD burner)			il masterizzatore 일 마스떼리자또레
시비스료			il costo del servizio 일 꼬스또 델 세르빗찌오

시월	l'ottobre 로또브레	시체	il cadavere 일 까다베레
시인	il poeta 일 뽀에따	시큰한	agro 아그로
시작	l'inizio 리닛찌오	시트	il lenzuolo 일 렌쭈올로
시장(市場)	il mercato 일 메르까또	시험	l'esame 레자메
시장(市長)	il sindaco 일 신다꼬	식당	il ristorante 일 리스또란떼

시작하다	iniziare / cominciare 이니찌아레 / 꼬민챠레
시즌오프	la bassa stagione 라 밧사 스따죠네
시집(媤집)	la famiglia di marito 라 파밀리아 디 마리또
시집(詩集)	il raccolto di poesie 일 라꼴또 디 뽀에지에
시차	la differenza di fuso orario 라 디페렌짜 디 푸조 오라리오
시침(혹은 분침)	la lancetta di un orologio 라 란쳇따 디 운 오롤로죠
식기세척기	la lavastoviglie / la lavapiatti 라 라바스또빌리에 / 라 라비삐앗띠
식당차	il vagone ristorante 일 바고네 리스또란떼

한국어	이탈리아어
식료품	gli alimentari 리 알리멘따리
식사	il pasto 일 빠스또
식욕	l'appetito 라뻬띠또
식전	prima del pasto 쁘라마 델 빠스또
식전주	l'aperitivo 라뻬리띠보
식초	l'aceto 라체또
식탁	la tavola 라 따볼라
식탁보	la tovaglia 라 또발리아
식후	dopo pasto 도뽀 빠스또
신(맛이)	acido 아치도
식료품점	il negozio di alimentari 일 네고찌오 디 알리멘따리
식물	la pianta / il vegetale 라 삐안따 / 일 베제딸레
식물원	il giardino botancio 일 쟈르디노 보따니꼬
식수	l'acqua potabile 라꽈 뽀따빌레
식용 포도	l'uva da tavola 루바 다 따볼라
식중독	l'intossicazione alimentare 린또시까찌오네 알리멘따레
신경안정제	il tranquillante 일 뜨랑뀔란떼
신고할 물건	la merce da dichiarare 라 메르체 다 디끼아라레

한국어	이탈리아어	한국어	이탈리아어
신(종교)	il dio / 이 디오	신문 판매소	l'edicola / 레디꼴라
신경	il nervo / 일 네르보	신발	le scarpe / 레 스까르뻬
신고	la dichiarazione / 라 디끼아라찌오네	신부	la sposa / 라 스뽀자
신고하다	dichiarare / 디끼아라레	신부(성당)	il padre / 일 빠드레
신기록	il nuovo record / 일 누오보 레꼬드	신비한	misterioso / 미스테리오조
신다(신발을)	portare / 뽀르따레	신사	il signore / 일 시뇨레
신랑	lo sposo / 로 스뽀조	신앙	la fede / 라 페데
신문	il giornale / 일 죠르날레	신용	il credito / 일 끄레디또
신문 기자	il giornalista / 일 죠르날리스따	신전	il tempio / 일 뗌피오

한국어	이탈리아어
신분증	la carta d'identità / 라 까르따 디덴띠따
신사 숙녀 여러분	signore e signori / 스뇨레 에 시뇨리
신용 카드	la carta di credito / 라 까르따 디 끄레디또
신용장	la lettera di credito / 라 렛테라 디 끄레디또

한국어	이탈리아어	한국어	이탈리아어
신중한	serio 세리오	실수	lo sbaglio 로 즈발리오
신청	la domanda 라 도만다	실수하다	sbagliare 즈발리아레
신청서	la domanda 라 도만다	실습	la pratica 라 쁘라띠까
신청하다	domandare 도만다레	실습을 하다	praticare 쁘라띠까레
신학	la teologia 라 떼올로지아	실용적인	pratico 쁘라띠꼬
신형	il modello nuovo 일 모델로 누오보	실크	la seta 라 세따
신호	il segno 일 세뇨	실현	la realizzazione 라 레알리자찌오네
신혼	la luna di miele 라 루나 디 미엘레	실현가능한	realizzabile 레알리자빌레
싣다	caricare 까리까레	실현하다	realizzare 레알리자레
실	il filo 일 필로	심다	piantare 삐안따레
실업	la disoccupazione 라 디소꾸빠찌오네		
심장마비	l'infarto / l'attacco cardiaco 린파르또 / 라따꼬 까르디아꼬		
싱글룸	la camera singola 라 까메라 싱골라		

한국어	이탈리아어	한국어	이탈리아어
심리학	la psicologia 라 프시꼴로지아	십이월	il dicembre 일 디쳄브레
심리학자	lo psicologo 로 프시꼴로고	십일월	il novembre 일 노벰브레
심장	il cuore 일 꾸오레	십자가	la croce 라 끄로체
심장병	la cardiopatia 라 까르디오파띠아	싱글베드	il letto singolo 일 렛또 싱골로
십(10)	dieci 디에치	쌀	il riso 일 리조
십만	centomila 첸또밀라	쌀밥	il riso bianco 일 리조 비앙꼬

싸다(종이 등으로)	incartare 인까르따레
싸우다	combattere / lottare 꼼밧떼레 / 로따레
싼(가격이)	a buon mercato 아 부온 메르까또
쌍꺼풀	la doppia palpebra 라 돕삐아 빨페브라
쌍둥이	il gemello(남자) / la gemella(여자) 일 제멜로 / 라 제멜라
쓰레기 봉투	il sacchetto dell'immondizia 일 사껫또 델림몬디찌아
쓰레기통	il bidone dell'immondizia 일 비도네 델림몬디찌아

ㅅ

한국어	이탈리아어	한국어	이탈리아어
쌍	la coppia 라 꼬삐아	쓴(맛이)	amaro 아마로
쏟다	versare 베르사레	쓸개	la cistifellea 라 치스띠펠레아
쓰다(글)	scrivere 스끄리베레	쓸모없는	inutile 이누띨레
쓰레기	l'immondizia 림몬디찌아	씨, 종자	il seme 일 세메
쓰레받기	la pattumiera 라 빠뚜미에라		

ㅇ

한국어	이탈리아어
아가씨	la signorina 라 시뇨리나
아내	la moglie 라 몰리에
아니다	no 노
아들	il figlio 일 필리오
아래	sotto 솟또
아르헨티나	l'Argentina 라르젠띠나
아기	il bimbo(남자) / la bimba(여자) 일 빔보 / 라 빔바
아래층	il piano inferiore 일 삐아노 인페리오레
아령(dumbbel)	il manubrio 일 마누브리오
아르헨티나인	l'argentino(남자) / l'argentina(여자) 라르젠띠노 / 라르젠띠나
아무도 ~아니다	nessuno 네수노
아름다운	bello 벨로
아름다움	la bellezza 라 벨렛짜
아마	forse 포르세
아마도	probabilmente 쁘로바빌멘떼
아마추어	il dilettante 일 딜레딴떼
아몬드	la mandorla 라 만도를라
아버지	il padre 일 빠드레
아빠	il babbo / il papà 일 밥보 / 일 빠빠

아스파라거스	gli asparagi 리 아스빠라지	아파트	l'appartamento 라빠르따멘또
아스피린	l'aspirina 라스피리나	아프리카	l'Africa 라프리까
아이디어	l'idea 리데아	아픈	malato 말라또
아이스크림	il gelato 일 젤라또	아홉	nove 노베
아직	ancora 앙꼬라	악몽	l'incubo 린꾸보
아침	la mattina 라 마띠나	악센트	l'accento 라첸또
아침 식사	la colazione 라 꼴라찌오네	악수하다	dare la mano 다레 라 마노
아카데미	l'accademia 라까데미아	악어	il coccodrillo 일 꼬꼬드릴로

아이스크림 가게	la gelateria 라 젤라떼리아
아침 식사를 하다	fare colazione 파레 꼴라찌오네
악기	lo strumento musicale 로 스뜨루멘또 무지깔레
악셀러레이터	l'acceleratore 라첼레라또레
악수	la stretta di mano 라 스트렛따 디 마노

안개	la nebbia 라 넵비아	안에	dentro 덴뜨로
안경	gli occhiali 리 오끼알리	안전	la sicurezza 라 시꾸렛짜
안경테	la montatura 라 몬따뚜라	앉다	sedersi 세데르시
안내소	l'informazione 린포르마찌오네	앉아라!	Siediti! 시에디띠!
안내원	il guida 일 구이다	앉읍시다!	Sediamoci! 세디아모치!
안녕!	Ciao! 챠오!!	알다	sapere 사뻬레
안락의자	la poltrona 라 뽈뜨로나	알다(사람을)	conoscere 꼬노쉐레

안과	lo studio oculistico 로 스뚜디오 오꿀리스띠꼬
안내	l'informazione / la guida 린포르마찌오네 / 라 구이다
안녕히가세요.	ArrivederLa! 아리베데를라
안전 검사	il controllo di sicurezza 일 꼰트롤로 디 시꾸렛짜
안전벨트	la cintura di sicurezza 라 친뚜라 디 시꾸렛짜
앉으세요!	Si sieda! / S'accomodi! 시 시에다! / 사꼬모디

한국어	이탈리아어	한국어	이탈리아어
알레르기	l'allergia 랄레르지아	압핀	il chiodino 일 끼오디노
알려진	noto 노또	앞에	davanti 다반띠
알리다	conoscere 꼬노쉐레	앞치마	il grembiule 일 그램뷸레
알림(공고)	l'annuncio 라눈치오	애인	l'amante 라만떼
알아보다	riconoscere 리꼬노쉐레	애정	l'affetto 라펫또
알약	la pastiglia 라 파스띨랴	액자	la cornice 라 꼬르니체
암	il cancro 일 깡끄로	앵두	la ciliegia 라 칠레좌
암탉	la gallina 라 갈리나	앵무새	il papagallo 일 빠빠갈로
압력	la pressione 라 쁘레시오네	야간	la notte 라 놋떼
알루미늄호일			la carta stagnola 라 까르따 스따뇰라
알아 맞추다			indovinare 인도비나레
앞쪽			la parte anteriore 라 빠르떼 안떼리오레
야간 열차			il treno notturno 일 뜨레노 노뚜르노

야구	il baseball 일 베이스볼	약간의	un po' 운 뽀
야생의	selvatico 셀바띠꼬	약국	la farmacia 라 파르마치아
야영	il campeggio 일 캄뻬죠	약속하다	promettere 쁘로멧떼레
야영하다	fare campeggio 파레 캄뻬죠	약손가락	l'anulare 라눌라레
야외(전원)	la campagna 라 깜빠냐	약혼식	il fidanzamento 일 피단자멘또
야채	la verdura 라 베르두라	얇은	sottile 소띨레
약(藥)	la medicina 라 메디치나	양	la quantità 라 꽌띠따

야채 가게	il negozio di verdura 일 네곳찌오 디 베르두라
약사(藥師)	il farmacista 일 파르마치스따
약속	la promessa / l'appuntamento 라 쁘로멧사 / 라뿐따멘또
약속을 지키다	mantenere la promessa 만떼네레 라 쁘로멧사
약혼자	il fidanzato(남자) / la fidanzata(여자) 일 피단자또 / 라 피단자따
양 갈비	la braciola di agnello 라 브라치올라 디 아녤로

양(소의 위장)	la trippa 라 뜨립빠	어깨	la spalla 라 스빨라
양념	il condimento 일 꼰디멘또	어느 것	quale 꽐레
양념하다	condire 꼰디레	어두운	buio 부요
양말	i calzini 이 깔찌니	어디	dove 도베
양배추	il cavolo bianco 일 까볼로 비앙꼬	어디든지	dovunque 도붕꿰
양복	l'abito 라비또	어떻게	come 꼬메
양탄자	il tappetto 일 따뻿또	어려운	difficile 디피칠레
양파	la cipolla 라 치뽈라	어른, 성인	l'adulto 라둘또
양(동물)			la pecora / l'agnello 라 뻬꼬라 / 라녤로
양고기			la carne di agnello 라 까르네 디 아녤로
양력			il calendario solare 일 깔렌다리오 솔라레
양조용 포도			l'uva per la vinificazione 루바 뻬르 라 비니피까찌오네
어린이			il bambino(남자) / la bambina(여자) 일 밤비노 / 라 밤비나

어리석은	stupido 스뚜삐도
어머니	la madre 라 마드레
어업	la pesca 라 뻬스까
어제	ieri 예리
어쨌든	comunque 꼬뭉꿰
언어	la lingua 라 링구아
언어학	la linguistica 라 링귀스띠까
언제	quando 꽌도
얼굴	il viso / la faccia 일 비조 / 라 팟촤
얼다	gelare 젤라레
언니	la sorella maggiore 라 소렐라 마죠레
얼굴을 붉히다	arrossire 아로씨레
에스칼레이터	la scala mobile 라 스깔라 모빌레
얼마의	quanto 꽌또
얼음	il ghiaccio 일 기앗쵸
엄마	la mamma 라 맘마
엄지손가락	il pollice 일 뽈리체
엄한	rigido / severo 리지도 / 세베로
업무	l'impegno 림뻬뇨
없이	senza 센자
엉덩이	il sedere 일 세데레
에어컨	il climatizzatore 일 끌리마띠자또레
엔지니어	l'ingegnere 린제녜레

엘리베이터	l'ascensore 라쉔소레
여권	il passaporto 일 빠사뽀르또
여기	qui / qua 뀌 / 꽈
여드름	l'acne 라끄네
여름	l'estate 레스따떼
여보세요!(전화)	Pronto! 쁘론또!
엔초비(anchovies)	le acciughe 레 아츄게
여름 방학(휴가)	le vacanze estive 레 바깐쩨 에스띠베
여자 친구(애인 관계)	la ragazza 라 라가짜
여행 가방	la borsa da viaggio 라 보르사 다 비앗죠
여행 가이드	la guida turistica 라 구이다 뚜리스띠까
여행사	l'agenzia di viaggi 라젠지아 디 비앗지
여행용 트렁크	la valigia 라 발리좌
여보세요!(행인에게)	Senta! 센따!
여성의	femminile 페미닐레
여왕벌	l'ape regina 라뻬 레지나
여우	la volpe 라 볼뻬
여자(성)	la donna 라 돈나
여행	il viaggio 일 비앗죠

여행객	il viaggiatore 일 비아좌또레
여행자	il viaggiatore 일 비아좌또레
여행하다	viaggiare 비아좌레
역(驛)	la stazione 라 스따찌오네
역사(歷史)	la storia 라 스또리아
역사가	lo storico 로 스또리꼬
역시	anche 앙께
역장	il capostazione 일 까뽀스따찌오네
역할	il ruolo 일 루올로
연결	il collegamento 일 꼴레가멘또
연결하다	collegare 꼴레가레
여행자 수표	i travellers' cheque 이 트레블러스 체크
연기하다, 미루다	rimandare 리만다레
연고	la pomata 라 뽀마따
연관(관계)	la relazione 라 렐라찌오네
연구	la ricerca 라 리체르까
연구하다	ricercare 리체르까레
연락	il contatto 일 꼰땃또
연료	il carburante 일 까르부란떼
연말	la fine anno 라 피네 안노
연못	lo stagno 로 스따뇨
연설	il discorso 일 디스꼬르소
연습	l'esercizio 레세르치찌오
연습하다	praticare 쁘라띠까레

연어	la collocazione 라 꼴로까찌오네
연어(생선)	il salmone 일 살모네
연주하다	suonare 수오나레
연필	la matita 라 마띠따
연필깎이	il temperino 일 뗌뻬리노
열(10)	dieci 디에치
열(熱)	la febbre 라 페브레
열다	aprire 아쁘리레
열량	la caloria 라 깔로리아
열리다	aprirsi 아쁘리르시
열병	la febbre 라 페브레
열쇠	la chiave 라 끼아베
열심히	diligentemente 딜리젠떼멘떼
열정	la passione 라 빠시오네
염색	il tinto 일 띤또
염색하다	fare la tinta 파레 라 띤따
염색하다	tingere 띤제레
염소	la capra 라 까쁘라
염전	la salina 라 살리나
염증	l'infiammazione 린피암마찌오네
엽서	la cartolina 라 까르똘리나
영광	la gloria 라 글로리아
영국	l'Inghilterra 링길떼라
영국 사람	l'inglese 링글레제
영리한	bravo / intelligente 브라보 / 일뗄리젠떼

영사관	il consolato 일 꼰솔라또
영사기	il proiettore 일 쁘로옛또레
영업중	aperto 아뻬르또
영업중이 아닌	chiuso 끼우조
영웅	l'eroe 레로에
영수증	la ricevuta / lo scontrino 라 리체부따 / 로 스꼰뜨리노
영어	l'inglese / la lingua inglese 링글레제 / 라 링구아 잉글레제
영업시간	l'orario di apertura 로라리오 디 아뻬르뚜라
영화를 보러가다	andare al cinema 안다레 알 치네마
예금하다	depositare i soldi in banca 데뽀지따레 이 솔디 인 방까
옐로우카드	il cartellino giallo 일 까르뗄리노 쨜로
예방 접종 증명서	il certificato della vaccinazione 일 체르띠피까또 델라 바치나찌오네
예비 바퀴, 스페어타이어	la ruota di scorta 라 루오따 디 스꼬르따
영향	l'influenza 린플루엔자
영화	il film 일 필드
영화 감독	la regia 라 레지아
예(yes)	Sì 시
예(실례)	l'esempio 레젬뽀

예금	il deposito 일 데뽀지또
예매	le prevendita 라 쁘레벤디따
예민한	sensibile 센시빌레
예방 접종	la vaccinazione 라 바치나찌오네
예방하다	prevenire 쁘레베니레
예배(미사)	la messa 라 멧사
예쁜	bello 벨로
예술	l'arte 라르떼
예술가	l'artista 라르띠스따
예술적인	artistico 아르띠스띠꼬
예약석	il posto riservato 일 뽀스또 리세르바또
예의가 바른	beneducato 벤에두까또
예의가 없는	maleducato 말에두까또
오늘 밤	questa notte / stanotte 꿰스따 놋떼 / 스따놋떼
오늘 아침	questa mattina / stamane 꿰스따 마띠나 / 스따마네
오늘 저녁	questa sera / stasera 꿰스따 세라 / 스따세라
오랜 친구	il vecchio amico 일 베끼오 아미꼬
오레가노(oregano 향료)	l'origano 로리가노

한국어	이탈리아어	한국어	이탈리아어
예술품	l'opera d'arte 로뻬라 다르떼	오렌지	l'arancia 라란챠
예약	la prenotazione 라 쁘레노따찌오네	오렌지 나무	l'arancio 라란쵸
예약하다	prenotare 쁘레노따레	오렌지 음료	l'aranciata 라란치아따
예측하다	prevvedere 쁘레베데레	오르다	salire 살리레
오늘	oggi 옷지	오른쪽	la destra 라 데스뜨라
오다.	venire 베니레	오리	l'anatra 라나뜨라
오래된	antico 안띠꼬	오믈렛	l'omeletta 로멜렛따
오랜지 색의	arancione 아란쵸네	오백	cinquecento 칭꿰첸또
오랫동안	molto tempo 몰또 뗌뽀	오십(50)	cinquanta 칭꽌따

오렌지 쥬스	il succo d'arancia 일 수꼬 다란챠
오버슈즈	le galoche / le calosce 레 갈로쉐 / 레 깔로쉐
오징어 먹물	il nero di seppia 일 네로 디 세삐아
오징어 먹물 스파게티	gli spaghetti al nero di seppia 리 스빠겟띠 알 네로 디 세삐아

오십시오!	Venga! 벵가!	오팔(광물)	l'opale 로빨레
오염	l'inquinamento 링뀌나멘또	오페라	l'opera 로뻬라
오월	il maggio 일 맛죠	오프너	il cavatappi 일 까바따삐
오이	il cetriolo 일 체뜨리올로	오해하다	fraintendere 프라인뗀데레
오전	la mattinata 라 마띠나따	오후	il pomeriggio 일 뽀메릿죠
오징어	la seppia 라 셉삐아	옥(광물)	la giada 라 좌다
오케스트라	l'orchestra 로르께스뜨라	옥수수	il mais 일 마이스
오토바이	la moto 라 모또	온도	la temperatura 라 뗌뻬라뚜라
오트밀			la papa di avena 라 빠빠 디 아베나
오프사이드(축구)			il fuorigioco 일 푸오리죠꼬
온도를 재다			misurare la temperatura 미주라레 라 뗌뻬라뚜라
올리브 나무			l'ulivo / l'olivo 룰리보 / 롤리보
올림픽 게임			i giochi olimpici 이 죠끼 올림삐치

한국어	이탈리아어	한국어	이탈리아어
온도계	il termometro 일 떼르모메뜨로	옮기다	trasferire 뜨라스페리레
온몸	tutto il corpo 뚯또 일 꼬르뽀	옳다	avere ragione 아베레 라지오네
온천	le terme 레 떼르메	옵서버	l'osservatore 로세르바또레
올라가다	salire 살리레	옵션	l'opzione 롭찌오네
올리다(가격)	aumentare 아우멘따레	옷	il vestito / l'abito 일 베스띠또 / 라비또
올리브 열매	l'oliva 롤리바	옷감	il tessuto 일 떼슷또
올리브유	l'olio di oliva 롤리오 디 올리바	옷걸이	l'attaccapanni 라따까빤니
올해	quest'anno 꿰스딴노	옷소매	la manica 라 마니까
옷가게	il negozio d'abbigliamento 일 네고찌오 다빌리아멘또		
옷을 걸다	appendere l'abito 아뻰데레 라비또		
옷장	l'armadio / il guardaroba 라르마디오 / 일 구아르다로바		
옷핀	la spilla di sicurezza 라 스삘라 디 시꾸렛짜		
와이퍼(자동차)	il tergicristallo 일 떼르지끄리스딸로		

한국어	이탈리아어	한국어	이탈리아어
옷을 벗다	togliersi 똘레르시	완숙(달걀)	l'uovo sodo 루오보 소도
옷을 입다	vestirsi 베스띠르시	완전	la perfezione 라 뻬르페찌오네
와라!	Vieni! 비에니!	완전하다	essere perfetto 엣세레 뻬르펫또
와이셔츠	la camicia 라 까미챠	완전한	perfetto 뻬르펫또
와인	il vino 일 비노	완전히	perfettamente 뻬르펫따멘떼
와인바	l'enoteca 에노떼까	완전히 익힌	ben cotto 벤 꼿또
와플(waffles)	i wafer 이 와페르	완행열차	il treno locale 일 뜨레노 로깔레
완두콩	i piselli 이 삐셀리	왕, 임금	il re 일 레
완성하다	completare 꼼쁠레따레	왕비	la regina 라 레지나

왕복	andata e ritorno 안다따 에 리또르노
왕복표	il biglietto di andata e ritorno 일 빌리엣또 디 안다따 에 리또르노
외국어	la lingua straniera 라 링구아 스뜨라니에라
외무부	il Ministero degli Affari Esteri 일 미니스떼로 델리 아파리 에스떼리

왕새우	il gamberone 일 감베로네
왕자	il principe 일 쁘린치뻬
왜	perché 뻬르께
왜냐하면	perché 뻬르께
외과 의사	il chirurgo 일 끼루르고
외교관	il diplomatico 일 디쁠로마띠꼬
외국	l'estero 레스떼로
외식하다	mangiare al ristorante 만쟈레 알 리스또란떼
외장 하드(컴퓨터)	il disco esterno 일 디스꼬 에스떼르노
요강(환자용 변기)	la padella 라 빠델라
요금표	la tabella della tariffa 라 따벨라 델라 따릿파
요일	il giorno della settimana 일 죠르노 델라 셋띠마나
욕구, 의욕	la voglia / il desiderio / la volontà 라 볼리아 / 일 데지데리오 / 라 볼론따
외국인	lo straniero 로 스뜨라니에로
외출하다	uscire 우쉬레
왼쪽	la sinistra 라 시니스뜨라
왼쪽으로	a sinistra 아 시니스뜨라
요구르트	lo yogurt 로 요구르뜨
요금	la tariffa 라 따릿파
요리	la cucina / il cibo 라 꾸치나 / 일 치보

한국어	이탈리아어	한국어	이탈리아어
요리사	il cuoco 일 꾸오꼬	용감한	coraggioso 꼬라죠조
요리하다	cucinare 꾸치나레	용기	il coraggio 꼬랏죠
요새	la fortezza 라 포르뗏짜	용돈	la mancetta 라 만쳇따
요약	il sommario 일 솜마리오	용량	la portata 라 뽀르따따
요즘	oggi come oggi 옷지 꼬메 옷지	용서	il perdono 일 뻬르도노
요통	la lombaggine 라 롬바지네	용서하다	perdonare 뻬르도나레
욕실	il bagno 일 바뇨	용암	la lava 라 라바
욕심	l'avarizia 라바리짜아	용어	il termine 일 떼르미네
욕심이 많은	avaro 아바로	우럭(생선)	lo scorfano 로 스꼬르파노
용(龍)	il drago 일 드라고	우리들의	nostro / nostra 노스뜨로 / 노스뜨라
욕조	la vasca da bagno 라 바스까 다 바뇨		
우기	la stagione delle piogge 라 스따죠네 델레 삐옷제		
우박이 내리다	grandinare 그란디나레		

우박	la grandine 라 그란디네	우울한	malinconico 말린꼬니꼬
우산	l'ombrello 롬브렐로	우유	il latte 일 랏떼
우스운	buffo 부포	우정	l'amicizia 라미칫찌아
우승자	il vincitore 일 빈치또레	우주	l'universo 루니베르소
우아한	elegante 엘레간떼	우주선	l'astronave 라스뜨로나베
우연히	per caso 뻬르 까조	우체국	l'ufficio postale 루피쵸 뽀스딸레
우체통			la buca per le lettere 라 부까 뻬르 레 렛떼레
우편 번호			il codice postale 일 꼬디체 뽀스딸레
우편 요금			la tariffa postale 라 따릿파 뽀스딸레
운동복(하의)			i pantallincini 이 빤딸론치니
운동화			le scarpe da ginnastica 레 스까르뻬 다 진나스띠까
운전 면허증			la patente di guida 라 빠뗀떼 디 구이다
운송비			le spese di trasporto 레 스뻬제 디 뜨라스뽀르또

우체부	il postino 일 뽀스띠노
우편	la posta 라 뽀스따
우표	il francobollo 일 프랑꼬볼로
운동	la ginnastica 라 진나스띠까
운동복(상의)	la maglietta 라 말리엣따
운동장	lo stadio 로 스따디오
운명	il destino 일 데스띠노
운송하다	trasportare 뜨라스뽀르따레
운임	la tariffa 라 따릿파
운전	la guida 라 구이다
운전사	l'autista 라우띠스따
울음	il pianto / la lacrima 일 삐안또 / 라 라끄리마
울지 마라!	Non piangere! 논 삐안제레!
운전하다	guidare 구이다레
운하	il canale 일 까날레
울(wool)	la lana 라 라나
울다	piangere 삐안제레
움직이는	mobile 모빌레
웃다	ridere 리데레
웃음	il riso 일 리조
원(圓)	il cerchio 일 체르끼오
원금	il capitale 일 까삐딸레
원료	la materia prima 라 마떼리아 쁘리마
원숭이	la scimmia 라 쉼미아

한국어	이탈리아어	한국어	이탈리아어
원시의(눈)	presbite 쁘레스비떼	월말	la fine mese 라 피네 메제
원시적인	primitivo 쁘리미띠보	월세	l'affitto 라핏또
원인	la causa 라 까우자	월요일	il lunedì 일 루네디
원천	il fonte 일 폰떼	웨이터	il cameriere 일 까메리에레
원피스	il monopetto 일 모노뻿또	웨이트리스	la cameriera 라 까메리에라
원하다	volere 볼레레	위기	la crisi 라 끄리지
원형의	originale 오리지날레	위대한	grande 그란데
월급	il salario 일 살라리오	위로하다	consolare 꼰솔라레

월간 잡지	la rivista mensile 라 리비스따 멘실레
월급	il salario / lo stipendio 일 살라리오 / 로 스띠뻰디오
위층	il piano superiore 일 삐아노 수뻬리오레
위통	il mal di stomaco 일 말 디 스또마꼬
유기농 제품	il prodotto biologico 일 쁘로돗또 비올로지꼬

위반하다	violare 비올라레	위협하다	minacciare 미나치아레
위스키	il wisky 일 위스끼	유감스럽다	Mi dispiace! 미 디스삐아체!
위에	sopra / su 소쁘라 / 수	유교	il confucianesimo 일 꼰푸치아네지모
위장(신체)	lo stomaco 로 스또마꼬	유능한	abile 아빌레
위조하다	falsificare 팔시피까레	유로(화폐)	l'Euro 레우로
위험	la pericolosità 라 뻬리꼴로시따	유리	il vetro 일 베뜨로
위험한	pericoloso 뻬리꼴로조	유리한 점	il vantaggio 일 반땃죠
위협	la minaccia 라 미나치아	유명한	famoso 파모조

유료 도로	la strada a pagamento 라 스뜨라다 아 빠가멘또
유스호텔	l'ostello della gioventù 로스뗄로 델라 죠벤뚜
유실물	gli oggetti smarriti 리 로젯띠 즈마릿띠
유실물 센터	l'ufficio oggetti smarriti 루피쵸 오젯띠 즈마릿띠
유치원	la scuola materna 라 스꾸올라 마떼르나

한국어	이탈리아어	한국어	이탈리아어
유사한	simile 시밀레	유월	il giugno 일 쥬뇨
유산(재산)	l'eredità 레레디따	유일한	unico 우니꼬
유아원	l'asilo nido 라질로 니도	유적	il monumento 일 모누멘또
유언	il testamento 일 떼스따멘또	유행에 뒤진	fuori moda 푸오리 모다
유용한	utile 우띨레	유행하는	alla moda 알라 모다
은메달	la medaglia d'argento 라 메달리아 다르젠또		
은반지	l'anello d'argento 라넬로 다르젠또		
은퇴하다	andare in pensione 안다레 인 뻰시오네		
은행원	il bancario (남자) / la bancaria (여자) 일 방까리오 / 라 방까리아		
은행통장	il libretto bancario 일 리브렛또 방까리오		
음력	il calendario lunare 일 깔렌다리오 루나레		
음식	la cucina / il cibo / il piatto 라 꾸치나 / 일 치보 / 일 삐앗또		
음주 운전	la guida in stato di ebbrezza 라 구이다 인 스따또 디 에브렛짜		

한국어	이탈리아어	한국어	이탈리아어
유행성 감기	l'influenza 인플루엔자	음악	la musica 라 무지까
유혹하다	sedurre 세두레	음악가	il musicista 일 무지치스따
유효기간	la scadenza 라 스까덴짜	음절	la sillaba 라 실라바
육교	il cavalcavia 일 까발까비아	음표	la nota 라 노따
은(銀)	l'argento 라르젠또	응급실	il pronto soccorso 일 쁘론또 소꼬르소
은행	la banca 라 방까	응급차	l'ambulanza 람블란짜
음료수	la bibita 라 비비따	응접실	la sala 라 살라

의무교육	l'istruzione obbligatoria 리스뜨루찌오네 오블리가또리아
의과대학	la facoltà di medicina 라 파꼴따 디 메디치나
의미하다	significare / volere dire 시니피까레 / 볼레레 디레
의사	il medico / il dottore 일 메디꼬 / 일 도또레
의사 진단서	il certificato medico 일 체르띠피까또 메디꼬
의원(국회)	il membro di Assemblea Nazionale 일 멤브로 디 아셈블레아 나찌오날레

한국어	이탈리아어	한국어	이탈리아어
의견	l'opinione 로삐뇨네	의자	la sedia 라 세디아
의도	l'intenzione 린뗀찌오네	의학	la medicina 라 메디치나
의류	l'abbigliamento 라빌리아멘또	이(곤충)	il pidocchio 일 삐도끼오
의문	la questione 라 꿰스띠오네	이(지시 형용사)	questo 꿰스또
의미	il significato 일 시니피까또	이(치아)	il dente 일 덴떼
의심	il dubbio 일 둡비오	이것(지시 대명사)	questo 꿰스또
의심하다	dubitare 두비따레	이기다	vincere 빈체레
의약품	la medicina 라 메디치나	이기주의	l'egoismo 레고이즈모

이메일	l'e-mail / la posta elettronica 리메일 / 라 뽀스따 엘레뜨로니까
이메일 주소	l'indirizzo e-mail 린디릿쪼 이메일
이메일을 보내다.	mandare un'e-mail 만다레 운 이메일
이발	il taglio di capelli 일 딸리오 디 까뻴리
이비인후과 의사	l'otorinolaringoiatra 로또리노라링고이아뜨라

이기주의자	l'egoista 레고이스따
이력서	il curriculum vitae 일 꾸리꿀룸 비떼
이론	la teoria 라 떼오리아
이륙	il decollo 일 데꼴로
이륙하다.	decollare 데꼴라레
이름	il nome 일 노메
이리 오세요!	Venga qui! 벵가 뀌!
이리 와!	Vieni qui! 비에니 뀌!
이마	la fronte 라 프론떼
이모	la zia 라 찌아
이모부	il zio 일 찌오
이민	l'emigrazione 레미그라찌오네
이민가다.	emigrare 에미그라레
이민오다	immigrare 임미그라레
이발사	il barbiere 일 바르비에레
이발소	il barbiere 일 바르비에레
이뿌리	la radice del dente 라 라디체 델 덴떼
이유	la causa / il motivo 라 까우자 / 일 모띠보
이코노미 클래스	la classe economica 라 끌랏세 에꼬노미까
이탈리아 사람	l'italiano(남자) / l'italiana(여자) 리딸리아노 / 리딸리아나
이탈리아 주재 한국대사관	l'Ambasciata della Corea in Italia 람바샤따 델라 꼬레아 인 이딸리아

이불	il piumone 일 쀼모네
이사	il trasloco 일 뜨라스로꼬
이사를 하다	traslocare 뜨라스로까레
이상한	strano 스뜨라노
이쑤시게	lo stuzzicadenti 로 스뚜찌까덴띠
이야기	il racconto 일 라꼰또
이야기를 하다	raccontare 라꼰따레
이용	l'uso 루조
이용하다	usare 우자레
이웃	il prossimo 일 쁘롯시모
이자	l'interesse 린떼렛세
이전의	precedente 쁘레체덴떼
이제 막	appena 아뻬나
이젤(그림용)	il cavalletto 일 까발렛또
이중의	doppio 도삐오
이탈리아	l'Italia 리딸리아
이하선염	gli orecchioni 리 오레끼오니
이해하다	capire 까삐레
이혼	il divorzio 일 디보르찌오
익명의	anonimo 아노니모
인공 색소	il colorante artificiale 일 꼴로란떼 아르띠피치알레
인공 조미료	il condimento chimico 일 꼰디멘또 끼미꼬
인구	la popolazione / l'abitante 라 뽀뽈라찌오네 / 라비딴떼

한국어	이탈리아어	한국어	이탈리아어
익숙한	abituato 아비뚜아또	인사	il saluto 일 살루또
익스텐션코드	la prolunga 라 쁘로룽가	인사를 하다	salutare 살루따레
인 척 가장하다	fingere 핀제레	인상	l'impressione 림쁘레시오네
인간	l'uomo 루오모	인생	la vita 라 비따
인공적인	artificiale 아르띠피치알레	인식하다	accorgersi 아꼬르제르시
인내심	la pazienza 라 빠찌엔짜	인용	la citazione 라 치따찌오네
인류	l'umanità 루마니따	인용하다	citare 치따레
인터넷카페			l'internet caffè 린떼르넷 까페
일광욕을 하다			prendere il sole 쁘렌데레 일 솔레
일본어			il giapponese / la lingua giapponese 일 쟈뽀네제 / 라 링구아 쟈뽀네제
일어나다(사건이)			succedere 수체데레
일을 끝내다			finire il lavoro 피니레 일 라보로
일을 시작하다			cominciare il lavoro 꼬민챠레 일 라보로

한국어	이탈리아어	한국어	이탈리아어
인출하다	ritirare 리띠라레	일(날)	il giorno 일 죠르노
인터넷	l'internet 린떼르넷	일(노동)	il lavoro 일 라보로
인플레이션	l'inflazione 린플라찌오네	일간지	il quotidiano 일 꿔띠디아노
인형	la bambola 라 밤볼라	일등석	la prima classe 라 쁘리마 끌랏세
일 백 그램	un etto 운 엣또	일방통행	il senso unico 일 센소 우니꼬
일(1)	un / uno / una 운 / 우노 / 우나	일본	il Giappone 일 쟈뽀네

일치	la corrispendenza / l'accordo 꼬리스뽄덴짜 / 라꼬르도
일치하다	coincidere / corrispondere a 꼬인치데레 / 꼬리스뽄데레 아
일터	il luogo di lavoro 일 루오고 디 라보로
입구	l'entrata / l'ingresso 렌뜨라따 / 링그렛소
입석	il posto in piedi 일 뽀쓰또 인 삐에디
입학	l'ammissione 람미시오네
입학 시험	l'esame d'ammissione 레자메 담미시오네

일본 사람	il giapponese 일 쟈뽀네제
일어나다(자리에서)	alzarsi 알짜르시
일어나라!	Alzati! 알짜띠!
일요일	la domenica 라 도메니까
일월	il gennaio 일 젠나이오
일을 하다	lavorare 라보라레
일찍	presto 쁘레스또
일차 요리	il primo piatto 일 쁘리모 삐앗또
읽다	leggere 렛제레
잃다	perdere 뻬르데레
임신	la gravidanza 라 그라비단자
입(口)	la bocca 라 보까
입국	l'entrata 엔뜨라따
입국 비자	il visto d'entrata 일 비스또 덴뜨라따
입술	il labbro 일 라브로
입원	il ricovero 일 리꼬베로
입원하다	ricoverare 리꼬베라레
잇몸	la gengiva 라 젠지바
잉크	l'inchiostro 링끼오스뜨로
잊다	dimenticare 디멘띠까레
잎	la foglia 라 폴리아

ㅈ

한국어	Italiano	발음
자(길이를 재는)	il righello	일 리겔로
자국이 난	macchiato	마끼아또
자다	dormire	도르미레
자동의	automatico	아우또마띠꼬
자동차로	in macchina	인 마끼나
자두	la susina	라 수지나
자르다	tagliare	딸리아레
자동 판매기	il distributore automatico	일 디스뜨리부또레 아우또마띠꼬
자동사	il verbo intransitivo	일 베르보 뜨란지띠보
자동차	la macchina / l'automobile	라 마끼나 / 라우또모빌레
자석	il magnete / la calamita	일 마녜떼 / 라 깔라미따
자리	il posto	일 뽀스또
자막	il sottotitolo	일 소또띠띠로
자매	la sorella	라 소렐라
자명종	la sveglia	라 즈벨리아
자몽	il pompelmo	일 뽐뻴모
자물쇠	il lucchetto	일 루껫또
자발적인	volontario	볼론따리오
자본	il capitale	일 까삐딸레
자손(후손)	il discendente	일 디쉔덴떼

자수정	l'ametista 라메띠스따	작년	l'anno scorso 란노 스꼬르소
자연	la natura 라 나뚜라	작동	la funzione 라 푼찌오네
자연히	naturalmente 나뚜랄멘떼	작동하다	funzionare 푼찌오나레
자유	la libertà 라 리베르따	작문	la composizione 라 꼼뽀지찌오네
자유로운	libero 리베로	작은	piccolo 삐꼴로
자유형(수영)	lo stile libero 로 스띨레 리베로	작은북(악기)	il tamburro 일 땀부로
자음	il consonante 일 꼰소난떼	작품	l'opera 로뻬라
자전거	la bicicletta 라 비치끌렛따	잔돈	lo spicciolo 로 스삐촐로
자정	la mezzanotte 라 메자놋떼	잔디밭	il prato 일 쁘라또
자주 색의	viola 비올라	잔치	la festa 라 페스따
작가	l'autore 라우또레	잘	bene 베네
자원봉사자	il volontario(남자) / la volontaria(여자) 일 볼론따리오 / 라 볼론따리아		
작게 말하다	parlare a bassa voce 빠를라레 아 밧사 보체		

한국어	이탈리아어	한국어	이탈리아어
잘못	l'errore 에로레	잣	il pinolo 일 삐놀로
잠들다	addormentarsi 아도르멘따르시	장갑	i guanti 이 관띠
잠자리(곤충)	la libellula 라 리벨룰라	장관(長官)	il ministro 일 미니스뜨로
잠재력	la potenzialità 라 뽀뗀찌알리따	장기(체스)	gli scacchi 리 스까끼
잡담	la chiachiera 라 끼아끼에라	장기판	la scacchiera 라 스까끼에라
잡아당기다	tirare 띠라레	장난감	il giocattolo 일 죠까똘로
잡음	il rumore 일 루모레	장래	il futuro 일 푸뚜로
잡지	la rivista 라 리비스따	장모	la suocera 라 수오체라
잔	la tazza / il bicchiere 라 땃짜 / 일 비끼에레		
잠깐	un momento / un'attimo 운 모멘또 / 웃닛띠모		
장(場), 시장(市場)	il mercato 일 메르까또		
장거리	la lunga distanza 라 룽가 디스딴짜		
장관(壯觀)	la vista meravigliosa 라 비스따 메라빌리오자		

장미	la rosa 라 로자	재미있는	divertente 디베르뗀떼
장인	il suocero 일 수오체로	재배하다	coltivare 꼴띠바레
장작	la legna 라 레냐	재산	la proprietà 라 쁘로쁘리에따
장치	l'apparecchio 라빠렉끼오	재킷	la giacca 라 쟈까
재고하다	ripensare 리뻰사레	잼(jam)	la marmellata 라 마르멜라따
재능	il talento 일 딸렌또	쟁반	il vassoio 일 바소이오
재료, 원료	l'ingrediente 링그레디엔떼	저것	quello 꿸로
재미	il divertimento 일 디베르띠멘또	저금	il risparmio 일 리스빠르미오

장식	l'ornamento / la decorazione 로르나멘또 / 라 데꼬라찌오네
장식물	l'oggetto ornamentale 로젯또 오르나멘딸레
장식하다	decorare / ornare 데꼬라레 / 오르나레
장학금	la borsa di studio 라 보르사 디 스뚜디오
재고품	lo stock / la merce in giacenza 로 스똑 / 라 메르체 인 쟈첸자

저금하다	risparmiare 리스빠르미아레	저항하다	protestare 쁘로떼스따레
저기	là/ lì 라 / 리	적게	poco 뽀꼬
저녁	la sera 라 세라	적다(글을)	scrivere 스끄리베레
저녁 식사	la cena 라 체나	적다(양이)	essere poco 엣세레 뽀꼬
저녁마다	ogni sera 온니 세라	적도	l'equatore 레꽈또레
저민 고기	la carne tritata 라 까르네 뜨리따따	적어도(최소한)	almeno 알메노
저울	ia bilancia 라 빌란촤	적용	l'applicazione 라쁠리까찌오네
저자	l'autore 라우또레	적용하다	applicare 아쁠리까레
저작권	il diritto d'autore 일 디릿또 다우또레	적은	poco 뽀꼬
저주	l'odio 로디오	적포도주	il vino rosso 일 비노 롯소
저주하다	odiare 오디아레	적합한	adatto 아닷또

재털이	il portacenere / il posacenere 일 뽀르따체네레 / 일 뽀자체네레
저녁 식사를 하다	fare cena 파레 체나

한국어	이탈리아어	한국어	이탈리아어
전 세계	tutto il mondo 뚯또 일 몬도	전신	tutto il corpo 뚯또 일 꼬르뽀
전기	l'eletricità 렐레뜨리치따	전쟁	la guerra 라 구에라
전달하다	comunicare 꼬무니까레	전차	il tramm 일 뜨람
전례	la liturgia 라 리뚜르좌	전채요리	l'antipasto 란띠빠스또
전문적인	professionale 쁘로페시오날레	전체적인	totale 또딸레
전문화된	specializzato 스뻬찰리자또	전통	la tradizione 라 뜨라디찌오네
전복(해산물)	le aliotidi 레 알리오띠디	전통적인	tradizionale 뜨라디찌오날레
전시자	l'espositore 레스뽀지또레	전투	la battaglia 라 바딸리아
전시회	la mostra 라 모스뜨라	전화	il telefono 일 뗄레포노

전문가	il professionalista / l'esperto 일 쁘로페시오니스따 / 레스뻬르또
전신 마취	l'anestesia totale 라네스떼지아 또딸레
전자레인지	il forno a microonde 일 포르노 아 미끄론데
전달	la comunicazione 라 꼬무니까찌오네

전화기	il telefono 일 뗄레포노	점수	il voto 일 보또
전화를 하다	telefonare 뗄레포나레	점심 시간	l'ora di pranzo 로라 디 쁘란조
절대적인	assoluto 앗솔루또	점심(식사)	il pranzo 일 쁘란조
절약	il risparmio 일 리스빠르미오	점프하다	saltare 살따레
절약하다	risparmiare 리스빠르미아레	점화 플러그	la candela 라 깐델라
젊은이	il giovane 일 죠바네	접근하다	avvicinarsi 아비치나르시

전치사(문법)	la preposizione 라 쁘레뽀지찌오네
전통음식	la cucina tradizionale 라 꾸치나 뜨라디찌오날레
전화 번호	il numero di telefono 일 누메로 디 뗄레포노
전화 카드	la scheda telefonica 라 스께다 뗄레포니까
전화를 끊다	staccare il telefono 스따까레 일 뗄레포노
점심 식사를 하다	fare pranzo 파레 쁘란조
점원	il commesso(남자) / la commessa(여자) 일 꼼멧소 / 라 꼼멧사

한국어	이탈리아어	한국어	이탈리아어
접수	l'accettazione 라체따찌오네	정각	l'ora esatta 로라 에샀따
접수하다	accettare 아체따레	정각에	in orario 인 오라리오
접시	il piatto 일 삐앗또	정거장(기차)	la stazione 라 스따찌오네
접종	la vaccinazione 라 바치나찌오네	정기권	l'abbonamento 라보나멘또
접종하다	vaccinare 바치나레	정당	il partito 일 빠르띠또
접질리다	slogarsi 즐로가르시	정류소	la fermata 라 페르마따
접촉	il contatto 일 꼰땃또	정말로	proprio 쁘로쁘리오
접촉하다	contattare 꼰땃따레	정면	la faccia 라 팟촤

점퍼 케이블 (jumper cable)	il cavo per avviamento con cavi ponte 일 까보 뻬르 아비아멘또 꼰 까비 뽄떼
접속사(문법)	la congiunzione 라 꼰쥰찌오네
접이 의자	la sedia pieghevole 라 세디아 삐에게볼레
젓가락	i bastoncini cinesi / le bacchette 이 바스똔치니 치네지 / 레 바껫떼
정관사	l'articolo determinativo 라르띠꼴로 데떼르미나띠보

한국어	이탈리아어	한국어	이탈리아어
정보	l'informazione 린포르마찌오네	정중히	cordialmente 꼬르디알멘떼
정복하다	conquistare 꼰뀌스따레	정직한	onesto 오네스또
정상(산의)	la cima 라 치마	정직함	l'onestà 로네스따
정시의	puntuale 뿐뚜알레	정차금지	Divieto di sosta 디비에또 디 소스따
정오	il mezzogiorno 일 메조죠르노	정찬	la cena formale 라 체나 포르말레
정원	il giardino 일 좌르디노	정책	la politica 라 뽈리띠까
정육점	la macelleria 라 마첼레리아	정체성	l'identità 리덴띠따
정장	l'abito 라비또	정치	la politica 라 뽈리띠까
정중한	cortese 꼬르떼제	정치인	il politico 일 뽈리띠꼬

정상(각 나라의)	il vertice 일 베르띠체
정신	la mente / lo spirito 라 멘떼 / 로 스삐리또
정제(精製)	la purificazione 라 뿌리피까찌오네
정제(錠劑), 알약	la pastiglia 라 빠스띨랴

한국어	이탈리아어	한국어	이탈리아어
정확한	preciso 쁘레치조	조각(彫刻)	la scultura 라 스꿀뚜라
젖병	il biberon 일 비베롱	조각상	la statua 라 스따뚜아
젖소	la mucca 라 무까	조개	la conchiglia 라 꼰낄랴
젖은	bagnato 바냐또	조건	la condizione 라 꼰디찌오네
제공하다	offrire 오프리레	조기(생선)	l'orata 로라따
제과점	la pasticeria 라 빠스띠체리아	조끼	il gilet 일 질레
제단(종교)	l'altare 랄따레	조동사	il verbo servile 일 베르보 세르빌레
제목	il titolo 일 띠똘로	조상	l'antenato 란떼나또
제조하다	fabbricare 파브리까레	조숙한	precoce 쁘레꼬체
제한하다	limitare 리미따레	조심스런	attento 아뗀또
조각(일부)	il pezzo 일 뻿쪼	조심하다	fare attenzione 파레 아뗀찌오네
제빵업자		il panettiere / il fornaio 일 빠넷띠에레 / 일 포르나요	
제자		l'allievo(남자) / l'allieva(여자) 랄례보 / 랄례바	

조용해!	Zitto! 짓또!
조용히 하세요!	Silenzio! 실렌찌오!
조이는	stretto 스뜨렛또
조이다	stringere 스뜨린제레
조절하다	controllare 꼰뜨롤라레
조종사	il pilota 일 삘로따
조직	l'organizzazione 로르가니자찌오네
조합	la cooperazione 라 꼬오뻬라찌오네
조항	l'articolo 라르띠꼴로
조화	l'armonia 라르모니아
존경하다	rispettare 리스뻬따레
좁은	stretto 스뜨렛또
종(鐘)	la campana 라 깜빠나
종교	la religione 라 렐리죠네
종기, 부스럼	il foruncolo 일 포룬꼴로
종류	il tipo 일 띠뽀
조리개(사진기)	l'anello di messa a fuoco 라넬로 디 멧사 아 푸오꼬
조립하다	montare / assemblare 몬따레 / 아셈블라레
조용한	tranquillo / silenzionso 뜨랑뀔로 / 실렌찌오조
조카	il cognato(남자) / la cognata(여자) 일 꼬냐또 / 라 꼬냐따
조화(종이꽃)	il fiore artificiale 일 피오레 아르띠피치알레

한국어	이탈리아어	한국어	이탈리아어
종사하다	occupare 오꾸빠레	좌약	la supposta 라 수뽀스따
종아리	il polpaccio 일 뽈빠쵸	죄	il peccato 일 뻬까또
종이	la carta 라 까르따	죄송합니다	Mi scusi! 미 스꾸지!
종점	il capolinea 일 까뽀리네아	주(週)	la settimana 라 셋띠마나
종합하다	sommare 솜마레	주관적인	soggettivo 소젯띠보
좋다	essere buono 엣세레 부오노	주근깨	le lentiggini 레 렌띠지니
좋아하다	piacere 삐아체레	주다	dare / rendere 다레 / 렌데레
좋은 기분	il buon uomore 일 부온 우모레	주름	la ruga 라 루가
좋은 날씨	il bel tempo 일 벨 뗌뽀	주머니	la tasca 라 따스까
좌석	il posto 일 뽀스또	주먹	il pugno 일 뿌뇨

종업원	l'impiegato(남자) / l'impiegata(여자) 림삐에가또 / 림삐에가따
종이 티슈	il fazzoletto di carta 일 파졸렛또 디 까르따
좌석 번호	il numero del posto 일 누메로 델 뽀스또

한국어	이탈리아어	한국어	이탈리아어
주문	l'ordine 로르디네	주식	le azioni 레 아찌오니
주문하다	ordinare 오르디나레	주심, 심판	l'arbitro 라르비뜨로
주방	la sala da cucina 라 살라 다 꾸치나	주어	il soggetto 일 소젯또
주방장	il capocuoco 일 까뽀꾸오꼬	주의, 조심	l'attenzione 라뗀찌오네
주부	la casalinga 라 까살링가	주점	il bar / il pub 일 바르 / 일 펍
주사	l'iniezione 리니에찌오네	주차장	il parcheggio 일 빠르껫쬬
주소	l'indirizzo 린디릿조	주차하다	parcheggiare 빠르께쫘레
주스	il succo 일 수꼬	주택(집)	la casa 라 까자

주말   la fine settimana
라 피네 셋띠마나

주사를 놓다   fare un'iniezione
파레 운이니에찌오네

주유소   il distributore di benzina
일 디스뜨리부또레 디 벤지나

주인   il padrone(남자) / la padrona(여자)
일 빠드로네 / 라 빠드로나

주제   il tema / l'argomento
일 떼마 / 라르고멘또

죽	la zuppa 라 줍빠
죽다	morire 모리레
죽음	la morte 라 모르떼
죽이다	uccidere 우치데레
준결승전	il semifinale 일 세미피날레
준비	la preparazione 라 쁘레빠라찌오네
준비된	pronto 쁘론또
준비하다	preparare 쁘레빠라레
주차금지	Divieto di parcheggio 디비에또 디 빠르껫죠
중간 크기	la dimensione media 라 디멘시오네 메디아
중공업	l'industria pesante 린두스뜨라아 뻬산떼
중국 사람	il cinese(남자) / la cinese(여자) 일 치네제 / 라 치네제
중국어	il cinese / la lingua cinese 일 치네제 / 라 링구아 치네제
줄	la fila 라 필라
줄자	il metro 일 메뜨로
줍다	raccogliere 라꼴례레
중국	la Cina 라 치나
중급 코스	il corso medio 일 꼬르소 메디오
중대한	grave 그라베
중독	l'avvelenamento 라벨레나멘또
중량	il peso 일 뻬조

한국어	이탈리아어	한국어	이탈리아어
중세	il medioevo 일 메디오에보	즐거운	divertente 디베르뗀떼
중심	il centro 일 첸뜨로	증가시키다	aumentare 아우멘따레
중앙	il centro 일 첸뜨로	증거	la prova 라 쁘로바
중얼거리다	mormorare 모르모라레	증기	il vapore 일 바뽀레
중요한	importante 임뽀르딴떼	증명서	il certificato 일 체르띠피까또
중학교	la scuola media 라 스꾸올라 메디아	증명하다	testimoniare 떼스띠모니아레
중화 요리	la cucina cinese 라 꾸치나 치네제	증발하다	evaporare 에바뽀라레
쥐(근육경련)	il crampo 일 끄람뽀	증상	il sintomo 일 신또모
쥐(동물)	il topo 일 또뽀	증인	il testimone 일 떼스띠모네
즉시	subito 수비또	지각	il ritardo 일 리따르도

중소기업   la piccola media impresa
라 삐꼴라 메디아 임쁘레자

중앙 우체국   l'ufficio postale centrale
루피쵸 뽀스딸레 첸뜨랄레

즉시 탑승   l'imbarco immediato
림바르꼬 임메디아또

지갑	il portafoglio 일 뽀르따폴료
지구	la terra 라 떼라
지금	adesso / ora 아뎃소 / 오라
지금부터	d'ora in poi 도라 인 뽀이
지나가다	passare 빳사레
지난	scorso / passato 스꼬르소 / 빳사또
지난 달	il mese scorso 이 메제 스꼬르소
지난 해	l'anno scorso 란노 스꼬르소
지내다	stare 스따레
지다(해)	tramontare 뜨라몬따레
지도	la mappa 라 마빠
지루한	noioso 노이오조
지름길	la scorciatoia 라 스꼬르촤또이아
지방(기름)	il grasso 일 그랏소
지난 밤	l'altra sera / questa sera 랄뜨라 세라 / 꿰스따 세라
지난 주	la settimana scorsa 라 셋띠마나 스꼬르사
지방	la regione / la provincia 라 레지오네 / 라 쁘로빈촤
지불조건	le condizioni di pagamento 레 꼰디찌오네 디 빠가멘또
지속하다	durare / continuare 두라레 / 꼰띠누아레
지역	la zona / l'area / la località 라 조나 / 라레아 / 라 로깔리따

지배하다	dominare 도미나레	지역 번호(전화)	il prefisso 일 쁘레핏소
지불	il pagamento 일 빠가멘또	지연	il ritardo 일 리따르도
지불하다	pagare 빠가레	지옥	l'inferno 린페르노
지붕	il tetto 일 뗏또	지우개	la gomma 라 곰마
지시	l'indicazione 린디까찌오네	지점	la filiale 라 필리알레
지시하다	indicare 인디까레	지진	il terremoto 일 떼레모또
지식	la conoscenza 라 꼬노쉔짜	지키다	mantenere 만떼네레

지퍼(zipper)	la chiusura lampo 라 끼우주라 람뽀
지하철	la metro / la metropolitana 라 메뜨로 / 라 메뜨로뽈리따나
지하철 역	la stazione metropolitana 라 스따찌오네 메뜰로뽈리따나
직접목적보어	il complemento oggetto diretto 일 꼼쁠레멘또 오젯또 디렛또
지하철 노선도	la pianta della metro 라 삐안따 델라 메뜨로
직장	il luogo di lavoro 일 루오고 디 라보로

한국어	이탈리아어	한국어	이탈리아어
지폐	il biglietto 일 빌리엣또	진단	la diagnosi 라 디아뇨지
지하	il sottoterra 일 소또떼라	진드기	l'acaro 라까로
지하실	il seminterrato 일 세미떼라또	진보	il progresso 일 쁘로그렛소
지형	la topografia 라 또뽀그라피아	진실	la verità 라 베리따
지휘를 하다	dirigere 디리제레	진심으로	cordialmente 꼬르디알멘떼
직업	la professione 라 쁘로페시오네	진열장	la vetrina 라 베뜨리나
직원	l'impiegato 림삐에가또	진정시키다	calmare 깔마레
직접	direttamente 디렛따멘떼	진정하다	calmarsi 깔마르시
직접의	diretto 디렛또	진주	la perla 라 뻬를라
직접적으로	direttamente 디렛따멘떼	진짜의	vero 베로
직진하다	andare diritto 안다레 디릿또	진통제	il calmante 일 깔만떼
진공 청소기			l'aspirapolvere 라스삐라뽈베레
진보주의자			il progressista 일 쁘로그레시스따

한국어	이탈리아어	한국어	이탈리아어
진한	intenso 인뗀소	집중	la concentrazione 라 꼰첸뜨라찌오네
질문	la domanda 라 도만다	집중하다	concentrare 꼰첸뜨라레
질문하다	domandare 도만다레	징후	il sintomo 일 신또모
질투심이 있는	geloso 젤로조	짜다(옷을)	tessere 뗏세레
짐	il bagaglio 일 바갈리오	짠(맛)	salato 살라또
짐수레	il carro 일 까로	짧은	breve / corto 브레베 / 꼬르또
집	la casa 라 까자	짧은 머리	il capello corto 일 까뻴로 꼬르또
집게손가락	l'indice 린디체	쪽(방향)	la direzione 라 디레찌오네

진입금지	Divieto di accesso 디비에또 디 아쳇소
진주 반지	l'anello di perla 라넬로 디 뻬를라
진찰을 요구하다	chiedere un consulto 끼에데레 운 꼰술또
짐 보관소	il deposito bagaglio 일 데뽀지또 바갈리오
짐꾼	il facchino / il portabagagli 일 파끼노 / 일 뽀르따바갈리

쪽(페이지)	la pagina 라 빠지나
쫓다	seguire 세귀레
찌르다	pungere 뿐제레
쪼들리다	essere in difficoltà 엣세레 인 디피꼴따
찐(증기로)	cotto a vapore 꼿또 아 바뽀레

ㅊ

차(음료)	il tè / 일 떼
차가운	freddo / 프레도
차고	il garage / 일 가라제
차관	il vice ministro / 일 비체 미니스뜨로
차다(발로)	calciare / 깔차레
차량	il veicolo / 일 베이꼴로
차(교통수단)	la macchina / 라 마끼나
차(자동차)를 타다	prendere la macchina / 쁘렌데레 라 마끼나
차를 마시다	prendere un tè / 쁘렌데레 운 떼
차를 운전하다	guidare la macchina / 구이다레 라 마끼나
차에서 내리다	scendere dalla macchina / 쉔데레 달라 마끼나
차별하다	discriminare / 디스끄리미나레
차액	il saldo / 일 살도
차이	la differenza / 라 디페렌짜
착륙	l'atterraggio / 라떼랏죠
착륙하다	atterrare / 아떼라레
찬장	la credenza / 라 끄레덴짜
참가자	il partecipante / 일 빠르떼치빤떼
참가하다	partecipare / 빠르떼치빠레

참치	il tonno / 일 똔노
찻잔	la tazza da tè / 라 땃짜 다 떼
창(무기)	la lancia / 라 란촤
창구	lo sportello / 로 스뽀르뗄로
창문	la finestra / 라 피네스뜨라
창백한	pallido / 빨리도
창조하다	creare / 끄레아레
찾다	cercare / 체르까레
창고	il magazzino / il ripostiglio / 일 마가지노 / 일 리뽀스띨료
채소 가게	il negozio di verdura / 일 네고찌오 디 베르두라
책상	lo scrittoio / il banco / 로 스끄리또이오 / 일 방꼬
책임감	la responsabilità / 라 레스뽄사빌리따
챔피언	il campione (남자) / la campionessa (여자) / 일 깜삐오네 / 라 깜삐오넷사
채소	la verdura / 라 베르두라
책	il libro / 일 리브로
책방	la libreria / 라 리브레리아
책장	lo scaffale / 로 스까팔레
챔피업십	il campionato / 일 깜삐오나또
처럼	come / 꼬메
처럼 보이다	sembrare / 셈브라레
처방전	la ricetta / 라 리쳇따

처음	il principio 일 쁘린치삐오	첫번째의	primo 쁘리모
천	mille 밀레	첫사랑	il primo amore 일 쁘리모 아모레
천(옷의)	il tessuto 일 떼수또	청각	l'udito 루디또
천국	il padadiso 일 빠라디조	청바지	i jeans 이 진스
천둥	il tuono 일 뚜오노	청소하다	pulire 뿔리레
천연두	il vaiolo 이 바욜로	체계	il sistema 일 시스떼마
천연의	naturale 나뚜랄레	체류	il soggiorno 일 소죠르노
철(금속)	il ferro 일 페로	체육	la ginnastica 라 진나스띠까
첨부(편지)	l'allegato 랄레가또	체포	l'arresto 라레스또

천만에요!	Di niente! / Prego! 디 니엔떼! / 쁘레고!
천연자원	le risorse naturali 레 리소르세 나뚜랄리
천천히	lentamente / piano 렌따멘떼 / 삐아노
철물점	il negozio di ferramenta 일 네고찌오 디 페라멘따

한국어	이탈리아어	한국어	이탈리아어
첼로	il violoncello 일 비올론첼로	초대하다	invitare 인비따레
초(시간)	il secondo 일 세꼰도	초록 색의	verde 베르데
초(양초)	la candela 라 깐델라	초상화	il ritratto 일 리뜨랏또
초과	l'eccesso 에쳇소	초안	la bozza 라 봇짜
초과하다	eccedere 에체데레	초인종	il campanello 일 깜빠넬로
초기	l'inizio 리니지오	초점	il fuoco 일 푸오꼬
초대	l'invito 린비또	초콜릿	il cioccolato 일 쵸꼴라또
초대 손님	l'ospite 로스삐떼	촛대	il candeliere 일 깐델리에레
초대장	l'invito 린비또	최근에	recentemente 레첸떼멘떼
초등학교	la scuola elementare 라 스꾸올라 엘레멘따레		
초보자	l'apprendista / il principiante 라쁘렌디스따 / 일 쁘린치삐안떼		
초음속 여객기	il volo supersonico 일 볼로 수뻬르소니꼬		
최소 수량	la quantità minima 라 꽌띠따 미니마		

최대한의	massimo 맛시모	추세	la tendenza 라 뗀덴짜
최소한의	minimo 미니모	추억	il ricordo 일 리꼬르도
최후의	ultimo 울띠모	추운	freddo 프레도
추가요금	il supplemento 일 수쁠레멘또	축구	il calcio 일 깔쵸
추가하다	aggiungere 아쥰제레	축복	la benedizione 라 베네디찌오네
추상적인	astratto 아스뜨랏또	축복하다	benedire 베네디레

추월금지	Divieto di sorpasso 디비에또 디 소르빳소
축구 경기	la partita di calcio 라 빠르띠따 디 깔쵸
축구 선수	il calciatore 일 깔촤또레
축구 시합	la partita di calcio 라 빠르띠따 디 깔쵸
축구팀	la squadra di calcio 라 스꽈드라 디 깔쵸
축구화	le scarpe da calcio 레 스까르뻬 다 깔쵸
축하	il complimento / l'augurio 일 꼼쁠리멘또 / 라우구리오

축제일	il giorno festivo 일 죠르노 페스띠보
축하하다	augurare 아우구라레
축하합니다!	Auguri! 아우구리!
출구	l'uscita 루쉬따
출국	la partenza 라 빠르뗀자
출납계(원)	il cassiere (남자) / la cassiera (여자) 일 깟시에레 / 라 깟시에라
출발지	il luogo di partenza 일 루오고 디 빠르뗀자
출생증명서	il certificato di nascita 일 체르띠피까또 디 나쉬따
출석하다, 참석하다	presentarsi 쁘레젠따르시
출석한, 참석한	presente 쁘레젠떼
출입국관리소	l'ufficio immigrazione 루피쵸 임미그라찌오네
출판	l'editoria / la pubblicazione 레디또리아 / 라 뿌블리까찌오네
출판물	la pubblicazione 라 뿌블리까찌오네
출발	la partenza 라 빠르뗀자
출발하다	partire 빠르띠레
출산하다	partorire 빠르또리레
출입금지	vietato entrare 비에따또 엔뜨라레
출판사	l'editore / l'editrice 레디또레 / 레디뜨리체

출판하다	pubblicare 뿌블리까레
출혈	l'emorragia 레모라지아
춤	il ballo / la danza 일 발로 / 라 단짜
춤을 추다	ballare 발라레
춥다(날씨가)	fa freddo 파 프레도
춥다(몸이)	avere freddo 아베레 프레도
충고	il consiglio 일 꼰실료
충고하다	consigliare 꼰실랴레
충돌	la collisione 라 꼴리지오네
충전하다(배터리)	caricare 까리까레
치과	lo studio dentistico 로 스뚜디오 덴띠스띠꼬
치수	la taglia / la dimensione 라 딸랴 / 라 디멘시오네
치안	la sicurezza pubblica 라 시꾸렛짜 뿌블리까
충분하다	bastare 바스따레
충분한	sufficiente 수피첸떼
취미	l'hobby 롭비
취한(술)	ubriaco 우브리아꼬
측면	il lato 일 라또
측정하다	misurare 미주라레
층	il piano 일 삐아노
치과 의사	il dentista 일 덴띠스따
치료	la cura 라 꾸라

한국어	이탈리아어	한국어	이탈리아어
치료하다	curare 꾸라레	친절한	gentile 젠띨레
치마	la gonna 라 곤나	친척	il parente 일 빠렌떼
치아	il dente 일 덴떼	친하다	essere amici 엣세레 아미치
치약	il dentifricio 일 덴띠프릿쵸	칠레	la Cile 라 칠레
치즈	il formaggio 일 포르맛죠	칠면조	il tacchino 일 따끼노
치킨	il pollo 일 뽈로	칠월	il luglio 일 룰리오
치통	il mal di dente 일 말 디 덴떼	칠판	la lavagna 라 라바냐
친애하는	caro 까로	침(타액)	la saliva 라 살리바
친절	la gentilezza 라 젠띨렛짜	침(한의학)	l'agopuntura 라고뿐뚜라
친절하다	essere gentile 엣세레 젠띨레	침, 바늘	l'ago 라고
친구		l'amico(남자) / l'amica(여자) 라미꼬 / 라미까	
칠레 사람		il cileno(남자) / la cilena(여자) 일 칠레노 / 라 칠레나	
칠레산 와인		il vino cileno 일 비노 칠레노	

침낭	il sacco a pelo 일 사꼬 아 뻴로	침대차	il vagone letto 일 바고네 렛또
침대	il letto 일 렛또	침술사	l'agopunturista 라고뿐뚜리스따
침대 시트	la lenzuola 라 렌쭈올라	칭찬하다	lodare 로다레

침실   la camera da letto
라 까메라 다 렛또

침용(와인)   la macerazione
라 마체라찌오네

칫솔   lo spazzolino da denti
로 스빳쫄리노 다 덴띠

ㅋ

카네이션	il garofano 일 가로파노
카드	la carta 라 까르따
카세트	la cassetta 라 까셋따
카테고리	la categoria 라 까떼고리아
카트(cart)	il carrello 일 까렐로
카페	il caffè 일 까페
카푸치노	il cappuccino 일 까뿌치노
칼	il coltello 일 꼴뗄로
칼로리	la caloria 라 깔로리아
캐나다	la Canada 라 까나다
카메라	la macchina da fotografia 라 마끼나 다 포또그라피아
카메라점	il negozio fotocamere 일 네고찌오 포또까메레
카뷰레이터(자동차)	il carburatore 일 까르부라또레
카운터	lo sportello / il banco 로 스뽀르뗄로 / 일 방꼬
카탈로그	il catalogo / il depliant 일 까딸로고 / 일 데쁠리앙
칸(기차의)	lo scompartimento 로 스꼼빠르띠멘또
캐나다 사람	il canadese(남자)/la canadese(여자) 일 까나데제 / 라 까나데제

한국어	이탈리아어	발음
캐다(묻힌 것을)	scavare	스까바레
캐러멜	la caramella	라 까라멜라
캐럿	il carato	일 까라또
캐비닛	l'armadietto	일 아르마디엣또
캐비아	il caviale	일 까비알레
캐비지	il cavolo	일 까볼로
캔(깡통)	la lattina	라 라띠나
캔디	la caramella	라 까라멜라
캔맥주	la birra in lattina	라 비라 인 라띠나
캠프장	il campeggio	일 깜뻿죠
커다란	grande	그란데
커서(컴퓨터)	il cursore	일 꾸르소레
커튼	la tenda	라 뗀다
커플	la coppia	라 꼽삐아
커피	il caffè	일 까페
커피포트	la caffettiera	일 까페띠에라
컬러	il colore	일 꼴로레
컴퓨터	il computer	일 꼼쀼떼르
커트릿(cutlet)	la cotoletta	라 꼬똘렛따
커피 한 잔	una tazza di caffè	우나 따짜 디 까페
커피그라인더	il macinino del caffè	일 마치니노 델 까페
컬러필름	la pellicola a colori	라 뻴리꼴라 아 꼴로리

컵(cup)	il bicchiere 일 삐끼에레
케이크	la torta 라 또르따
코	il naso 일 나조
코끼리	l'elefante 렐레판떼
코너킥	il calcio d'angolo 일 깔쵸 당골로
코믹한 책	il fumetto 일 푸멧또
코트(coat)	il cappotto 일 까뽀또
콘돔	il preservativo 일 쁘레세르바띠보
콘서트	il concerto 일 꼰체르또
콜레라	il colera 일 꼴레라
콜롬비아	la Colombia 라 꼴롬비아
콧구멍	la narice 라 나리체
콧수염	i baffi 이 바피
콩	i fagioli 이 파죨리
쾌활한	allegro 알레그로
쿠바	la Cuba 라 꾸바
콘텍트렌즈	la lente a contatto 라 렌떼 아 꼰땃또
콜롬비아 사람	il colombiano(남자) / la colombiana(여자) 일 꼴롬비아노 / 라 꼴롬비아나
콧물	la secrezione nasale / il naso che cola 라 세끄레찌오네 나잘레 / 일 나조 께 꼴라
콩나물	il germoglio di soia 일 제르몰료 디 소이아
쿠바 사람	il cubano(남자) / la cubana(여자) 일 꾸바노 / 라 꾸바나

한국어	이탈리아어
크기	la dimensione 라 디멘시오네
크림(식용)	la panna 라 빤나
크림(화장용)	la crema 라 끄레마
큰북(악기)	la grancassa 라 그란깟사
클럽	il club / il circolo 일 끌럽 / 일 치르꼴로
클립	la graffetta 라 그라펫따
크게 말하다	parlare ad alta voce 빠를라레 아달따 보체
크다(사이즈)	essere grande 엣세레 그란데
크로아상(빵)	il cornetto 일 꼬르넷또
크루즈(cruise)	la crociera 라 끄로췌라
크림(cream 우유에서 나온)	la panna 라 빤나
클러치(자동차)	la frizione 라 프리찌오네
키보드(컴퓨터)	la tastiera 라 따스띠에라
키	l'altezza 랄뗏짜
키(열쇠)	la chiave 라 끼아베
키가 작은	basso 밧소
키가 큰	alto 알또
키스	il bacio 일 바쵸
키스하다	baciare 바촤레

키위	il kiwi	
	일 끼위	
키친타월	la carta da cucina	
	라 까르따 다 꾸치나	
킬로	il chilo	
	일 낄로	
킬로그램	il chilogrammo	
	일 낄로그람모	

E

타다(버스 등)	prendere 쁘렌데레
타다(불에)	bruciare 브루챠레
타이어	lo pneumatico 일 쁘네우마띠꼬
타입	il tipo 일 띠뽀
타동사	il verbo transitivo 일 베르보 뜨란지띠보
타월(수건)	l'asciugamano 라슈가마노
타월걸이	il portasciugamano 일 뽀르따슈가마노
탁구	il ping-pong / il tennis da tavolo 일 삥뽕 / 일 뗀니스 다 따볼라
탁상 시계	l'orologio da tavola 로롤로죠 다 따볼라
탄생지	il luogo di nascita 일 루오고 디 나쉬따
타이핑하다	battere a macchina 바떼레 아 마끼나
타조	lo struzzo 로 스뜨룻쪼
탁자	la scrivania 라 스끄리바니아
탄생	la nascita 라 나쉬따
탄생일	la data di nascita 라 다따 디 나쉬따
탄생하다	nascere 나쉐레
탑(塔)	la torre 라 또레

한국어	이탈리아어	한국어	이탈리아어
탑승	l'imbarco 림바르꼬	택시	il tassi / il taxi 일 땃시 / 일 땃 시
태양	il sole 일 솔레	택하다	scegliere 쉘리에레
태어나다	nascere 나쉐레	탱크(군사)	il carro armato 일 까로 아르마또

탑승구	l'uscita d'imbarco 루쉬따 딤바르꼬
탑승권	la carta d'imbarco 라 까르따 딤바르꼬
태국	la Thailandia 라 따일란디아
태국 사람	il thailandese(남자) / la thailandese(여자) 일 따일란데제 / 라 따일란데제
태국어	il thailandese / la lingua thailandese 일 따일란데제 / 라 링구아 따일란데제
태도	il comportamento 일 꼼뽀르따멘또
태풍	il tifone / l'uragano 일 띠포네 / 루라가노
택시 정류소	la fermata del tassi 라 페르마따 델 땃시
택시를 부르다	chiamare un tassi 끼아마레 운 땃시
택시를 타다	prendere il tassi 쁘렌데레 일 땃시

탱크(저장고)	il serbatoio 일 세르바또이오	텐트	la tenda 라 뗀다
터미널	il terminale 일 떼르미날레	텔레비전	il televisore 일 뗄레비죠레
턱(인체)	il mento 일 멘또	토끼	il coniglio 일 꼬닐료
털털거리다	rombare 롬바레	토론하다	discuttere 디스꿋떼레
테라스	la terrazza 라 떼랏짜	토마토	il pomodoro 일 뽀모도로
테러	il terrorismo 일 떼로리즈모	토양	il terreno 일 떼레노
테이블	la tavola 라 따볼라	토요일	il sabato 일 사바또

테니스 공	la palla da tennis 라 빨라 다 뗀니스
테니스라켓	la racchetta da tennis 라 라껫따 다 뗀니스
토마토 스파게티	gli spaghetti al pomodoro 리 스빠겟띠 알 뽀모도로
토산품	il prodotto locale 일 쁘로돗또 로깔레
통과 비자	il visto di transito 일 비스또 디 뜨란시또
통과 승객	il passeggero in transito 일 빠세제로 인 뜨란지또

한국어	이탈리아어	한국어	이탈리아어
토하다	vomitare 보미따레	통역가	l'interprete 린떼르쁘레떼
통	il contenitore 일 꼰떼니또레	통일	la riunificazione 라 리우니피까찌오네
통과	il passaggio 일 빠삿죠	통행로	il passaggio 일 빠삿죠
통과하다	passare 빳사레	퇴장(축구)	l'espulsione 레스뿔시오네
통로	il passaggio 일 빳사죠	투자	l'investimento 린베스띠멘또
통밀빵	il pane integrale 일 빠네 인떼그랄레	투자하다	investire 인베스띠레
통역	l'interpretazione 린떼르쁘레따찌오네	투표하다	votare 보따레

통역하다   interpretare / tradurre
인떼르쁘레따레 / 뜨라두레

통해서   mediante / attraverso
메디안떼 / 아뜨라베르소

퇴원하다   uscire dall'ospedale / essere dimesso
우쉬레 달로스뻬달레 / 엣세레 디멧소

투표   la votazione / il voto
라 보따찌오네 / 일 보또

트래픽   il traffico / la coda
일 뜨라피꼬 / 라 꼬다

트렁크(자동차)   il bagagliaio
일 바갈랴이오

한국어	이탈리아어	한국어	이탈리아어
투표함	l'urna elettorale 루르나 엘레또랄레	틀린	falso 팔소
튀기다	friggere 프릿제레	티눈	il callo 일 깔로
트럭	il camion 일 까미온	티라미수	il tiramisù 일 띠라미수
트윈	il gemello 일 제멜로	티스푼	il cucchiaino 일 꾸끼아이노
특별한	speciale 스뻬치알레	티켓	il biglietto 일 빌리엣또
특별히	specialmente 스뻬치알멘떼	팁(tip)	la mancia 라 만촤

특제품 il prodotto speciale / la specialità
일 쁘로돗또 스뻬치알레 / 라 스뻬치알리따

특파원 il corrispondente
일 꼬리스뽄덴떼

특히(무엇보다) soprattutto
소쁘라뚯또

ㅍ

파(야채)	i cipollini / 이 치뽈리니
파괴하다	distruggere / 디스뜨룻제레
파도	l'onda / 론다
파라솔	l'ombrellone / 롬브렐로네
파란 색의	blu / 블루
파마	la permanente / 라 뻬르마넨떼
파상풍	il tetano / 일 떼따노
파마를 하다	fare la permanente / 파레 라 뻬르마넨떼
파산	la bancarotta / il fallimento / 라 방까롯따 / 일 팔리멘또
팔이 아프다	avere mal di braccio / 아베레 말 디 브랏쵸
파운드(무게)	la libbra(0,454 kg) / 라 립브라
파업	lo sciopero / 로 쇼뻬로
파업하다	scioperare / 쇼뻬라레
파운드(화폐)	la sterlina / 라 스떼를리나
파이프	il tubo / 일 뚜보
파인애플	l'ananas / 라나나스
파충류	il rettile / 일 레띨레
파티	la festa / 라 페스따
파티를 하다	festeggiare / 페스떼좌레
판결	la sententa / 라 센뗀자

판매	la vendita 라 벤디따
판사	il giudice 일 쥬디체
팔(8)	otto 옷또
팔(신체)	le braccia 레 브라챠
팔꿈치	il gomito 일 고미또
팔다	vendere 벤데레
팔레트(그림용)	la tavolozza 라 따볼롯짜
팔월	l'agosto 라고스또
팔찌	il braccialetto 일 브라촬렛또
팥(콩)	il fagiolo azuki 일 파죨로 아주끼
패배	la sconfitta 라 스꼰핏따
패션(fashion)	la moda 라 모다
팩스기	il fax 일 팍스
팬(fan), 애호가	il tifoso 일 디포조
팬케이크(pancakes)	la frittata 라 프리따따
팬티	le mutande / lo slip 레 무딴데 / 로 슬립
평영(수영)	il nuoto a rana 일 누오또 아 라나
펑크나다	avere una gomma a terra 아베레 우나 곰마 아 떼라
페널티킥	il calcio di rigore 일 깔쵸 디 리고레
페루 사람	il peruviano(남자) / la peruviana(여자) 일 뻬루비노 / 라 뻬루비나

펌프	la pompa 라 뽐빠	편도	andata 안다따
펑크	la foratura 라 포라뚜라	편리한	comodo 꼬모도
페루	il Perù 일 뻬루	편안하게	comodamente 꼬모다멘떼
페이지	la pagina 라 빠지나	편지	la lettera 라 렛떼라
페인트	la vernice 라 베르니체	편집	il montaggio 일 몬땃죠
펜션	la pensione 라 뻰시오네	평가	la valutazione 라 발루따찌오네
펜지(pliers)	le pinze 레 삔쩨	평가하다	valutare 발루따레
펭귄	il pinguino 일 삥귀노	평균	la media 라 메디아

편지를 받다	ricevere la lettera 리체베레 라 렛떼라
편지를 보내다	spedire / mandare la lettera 스뻬디레 / 만다레 라 렛떼라
편지를 쓰다	scrivere la lettera 스끄리베레 라 렛떼라
편지에 답장을 하다	rispondere alla lettera 리스뽄데레 알라 렛떼라
편하게 하다	accomodarsi 아꼬모다르시

평야	la pianura 라 삐아누라
평일	il giorno feriale 일 죠르노 페리알레
평화	la pace 라 빠체
폐(의학)	il polmone 일 뽈모네
폐렴	la polmonite 라 뽈모니떼
폐병(의학)	il tubercolosi 일 뚜베르꼴로지
폐지하다	abolire 아볼리레
포기하다	abbandonare 아반도나레
포도	l'uva 루바
포도 송이	il grappolo 일 그랍뽈로
포도 수확	la vendemmia 라 벤뎀미아
포도 알	l'acino 라치노
포도 으깨기	la pigiatura 라 삐좌뚜라
포도 품종	il vitigno 일 비띠뇨
포도나무	la vite 라 비떼
포도주	il vino 일 비노

포도밭	la vigna / il vigneto 라 비냐 / 일 비녜또
포도주 양조	la vinificazione 라 비니피까찌오네
포도주 한 병	una bottiglia di vino 우나 보띨랴 디 비노
포도주 한 잔	un bicchiere di vino 운 비끼에레 디 비노
포장하다	fare un pacchetto regalo 파레 운 빠껫또 레갈로

포도즙	il mosto 일 모스또	포터	il facchino 일 파끼노
포옹	l'abbraccio 라브랏쵸	포함하다	includere 인끌루데레
포옹하다	abbracciare 아브랏촤레	폭탄	la bomba 라 봄바
포워드(축구)	l'attacante 라따깐떼	폭포	la cascata 라 까스까따
포장	l'imballaggio 림발랏죠	폭풍우	il temporale 일 뗌뽀랄레
포크	la forchetta 라 포르껫따	표	il biglietto 일 빌리엣또

표를 사다	comprare il biglietto 꼼쁘라레 일 빌리엣또
표시하다	segnare / segnalare 세냐레 / 세날라레
푸딩(pudding)	il budino 일 부디노
풀바디의(full bodied 와인)	abboccato 아보까또
풀보드(full board)	la pensione completa 라 뻰시오네 꼼쁠레따
풀코스 식사	il pasto completo 일 빠스또 꼼쁠레또
프라이드에그(fried egg)	l'uovo al tegame 루오보 알 떼가메

한국어	이탈리아어	한국어	이탈리아어
표 파는 곳	la biglietteria 라 빌리에떼리아	풋콩	il fagiolo acerbo 일 파죠올로 아체르보
표현	l'espressione 레스쁘레시오네	풍경	il panorama 일 빠노라마
표현하다	esprimere 에스쁘리메레	풍미	il sapore 일 사뽀레
푸른 색의	azzuro 아쭈로	풍부한	abbondante 아본단떼
푸른 하늘	il cielo azzuro 일 치엘로 아쭈로	풍부함	l'abbondanza 라본단짜
풀(사무용품)	la colla 라 꼴라	풍선	il palloncino 일 빨론치노
풀다(끈을)	slegare 즐레가레	풍습, 관습	l'usanza 루산자
품질	la qualità 라 꽐리따	퓨즈(fuse)	il fusibile 일 푸지빌레
풋과일	la frutta acerba 라 프룻따 아체르바	프라이팬	il tegame 일 떼가메
프랑스어	la francese / la lingua francese 라 프란체제 / 라 링구아 프란체제		
프랑스인	il francese(남자) / la francese(여자) 일 프란체제 / 라 프란체제		
프런트 직원	il personale dell'accettazione 일 뻬르소날레 델라체따찌오네		
프로그래머	il programmatore(남자) / la programmatrice(여자) 일 쁘로그람마또레 / 라 쁘로그람마뜨리체		

프

한국어	이탈리아어	한국어	이탈리아어
프랑스	la Francia 라 프란챠	피(혈액)	il sangue 일 상구에
프런트	la reception 라 리셉션	피곤한	stanco 스땅꼬
프로그램	il programma 일 쁘로그람마	피망	il peperone 일 뻬뻬로네
프로젝트	il progetto 일 쁘로젯또	피부	la pelle 라 뻴레
프린터	lo stampante 로 스땀빤떼	피아노	il pianoforte 일 삐아노포르떼
플러그(plug)	la spina 라 스삐나	피임약	il contraccettivo 일 꼰뜨라체띠보
플로피디스크	il dischetto 일 디스껫또	피자	la pizza 라 삣짜

프로그래밍	la programmazione 라 쁘로그람마찌오네
프리킥	il calcio di punizione 일 깔쵸 디 뿌니찌오네
피아니스트	il pianista(남자) / la pianista(여자) 일 삐아니스따 / 라 삐아니스따
필란드 사람	il filandese(남자) / la filandese(여자) 일 필란데제 / 라 필란데제
필란드어	il filandese / la lingua filandese 일 필란데제 / 라 링구아 필란데제
필요하다	essere necessario 엣세레 네체사리오

한국어	이탈리아어	한국어	이탈리아어
피자 가게	la pizzeria 라 삣쩨리아	필수적인	indispensabile 인디스뻰사빌레
피하다	evitare 에비따레	필요	la necessità 라 네체시따
핀(pin)	lo spillo 로 스삘로	필통	l'astuccio 라스뚜쵸
필란드	la Filandia 라 필란디아		
필름	la pellicola 라 뻴리꼴라		

	ㅎ
하나(1)	un / uno / una 운 / 우노 / 우나
하녀	la servitrice 라 세르비뜨리체
하늘	il cielo 일 치엘로
하다	fare 파레
하드디스크	il disco rigido 일 디스꼬 리지도
하이시즌(high season)	l'alta stagione 랄따 스따죠네
하프보드(half board)	la mezza pensione 라 멧짜 뻰시오네
하프타임(운동 경기)	l'intervallo 린떼르발로
학생	lo studente(남자) / la studentessa(여자) 로 스뚜덴떼 / 라 스뚜덴뗏사
학생할인	la riduzione stedente 라 리두지오네 스뚜덴데
한국 사람	il coreano(남자) / la coreana(여자) 일 꼬레아노 / 라 꼬레아나
하루	il giorno 일 죠르노
하루 종일	tutto il giorno 뚯또 일 죠르노
하루에	al giorno 알 죠르노
하인	il servitore 일 세르비또레
하지만	però 뻬로
학교	la scuola 라 스꾸올라
학기	il semestre 일 세메스뜨레

한국어	이탈리아어	한국어	이탈리아어
학장	il decano / 일 데까노	함께	insieme / 인시에메
한가한	libero / 리베로	합계	la somma / 라 솜마
한국	la Corea del Sud / 라 꼬레아 델 수드	합리적인	ragionevole / 라죠네볼레
할 수 있다	potere / 뽀떼레	합성하다	comporre / 꼼뽀레
할머니	la nonna / 라 논나	합창	il coro / 일 꼬로
할아버지	il nonno / 일 논노	항구	il porto / 일 뽀르또
할인	lo sconto / 로 스꼰또	항공	l'aviazione / 라비아찌오네
할인하다	scontare / 스꼰따레	항공 우편	la posta aerea / 라 뽀스따 아에레아

한국 식당	il ristorante coreano / 일 리스또란떼 꼬레아노
한국 요리	la cucina coreana / 라 꾸치나 꼬레아나
한국어	il coreano / la lingua coreana / 일 꼬레아노 / 라 링구아 꼬레아나
항공권	il biglietto d'aereo / 일 빌리엣또 다에레오
항공회사	la compagna aerea / 라 꼼빠냐 아에레아

항공기	l'aeroplano 라에로쁠라노
항공로	la via aerea 라 비아 아에레아
항구	il porto 일 뽀르또
항상	sempre 셈쁘레
항생제	l'antibiotico 란띠비오띠꼬
항해	la navigazione 라 나비가찌오네
항해사	il marinaio 일 마리나이오
항해하다	navigare 나비가레
해(년도)	l'anno 란노
해(태양)	il sole 일 솔레
해결책	la soluzione 라 솔루찌오네
해결하다	risolvere 리졸베레
해고	il licenziamento 일 리첸찌아멘또
해바라기	il girasole 일 지라솔레
해변	la spiaggia 라 스삐앗좌
해산물	i frutti di mare 이 프룻띠 디 마레
해야만 한다	dovere 도베레
해열제	l'antipiretico 란띠삐레띠꼬
해물 스파게티	gli spaghetti ai frutti di mare 리 스빠겟띠 아이 프룻띠 디 마레
해안	la costa / la spiaggia 라 꼬스따 / 라 스삐앗좌
핸드브레이크	il freno a mano 일 프레노 아 마노
해상운송	il trasporto via mare 일 뜨라스뽀르또 비아 마레

한국어	이탈리아어	한국어	이탈리아어
핵무기	l'arma nucleare 라르마 누끌레아레	행운의	fortunato 포르뚜나또
핸드백	la borsetta 라 보르셋따	행인	il passante 일 빠산떼
핸들(자동차)	il volante 일 볼란떼	향기	il profumo 일 쁘로푸모
햄	il prosciutto 일 쁘로슛또	향기로운	profumato 쁘로푸마또
행동	l'azione 라찌오네	향료	le spezie 레 스뻬찌에
행복	la felicità 라 펠리치따	향수(鄕愁)	la nostalgia 라 노스딸좌
행복한	felice 펠리체	향수(화장품)	il profumo 일 쁘로푸모
행선지	la destinazione 라 데스띠나찌오네	향하다	dirigersi 디리제르시
행성	la pianeta 라 삐아네따	허가	il permesso 일 뻬르멧소
행운	la fortuna 라 포르뚜나	허가장	il permesso 일 뻬르멧소

핸들링 반칙(축구)	il fallo a mano 일 팔로 아 마노
허기가 심하다	avere fame da lupo 아베레 파메 다 루뽀
허락을 구하다	chiedere il permesso 끼에데레 일 뻬르멧소

한국어	이탈리아어	한국어	이탈리아어
허가하다	permettere 뻬르멧떼레	헤어스프레이	la lacca 라 락까
허기	la fame 라 파메	헤어지다	separarsi 세빠라르시
허리띠	la cintura 라 친뚜라	해체하다	smontare 즈몬따레
허벅지	la coscia 라 꼬샤	헬멧	il casco 일 까스꼬
허풍을 떨다	esagerare 에사제라레	헹구다	sciaquare 솨꽈레
헌법	la costituzione 라 꼬스띠뚜지오네	혀	la lingua 라 링구아
헌신하다	dedicarsi 데디까르시	혁명	la rivoluzione 라 리볼루찌오네
헤드라이트(자동차)	il faro 일 파로	현관	l'anticamera 란띠까메라
헤드폰	le cuffie 레 꾸피에	현금	il contante 일 꼰딴떼
헤딩	la testata 라 떼스따따	현기증	la vertigine 라 베르띠지네

헤어밴드   la fascia per capelli
라 파샤 뻬르 까뻴리

현금자동지급기   la macchina Bancomat / la macchina bancario automatico
라 마끼나 방꼬맛 / 라 마끼나 방까리오 아우또마띠꼬

한국어	이탈리아어	한국어	이탈리아어
현대적인	moderno 모데르노	형수	la cognata 라 꼬냐따
현상하다	sviluppare 즈빌루빠레	형식	la forma 라 포르마
현수막	lo striscione 로 스뜨리쇼네	형용사(문법)	l'aggettivo 라젯띠보
현실	la realtà 라 레알따	형제	il fratello 일 프라뗄로
현재	il presente 일 쁘레젠떼	호기심이 있는	curioso 꾸리오조
협회	l'associazione 라소챠찌오네	호두	la noce 라 노체
형부	il cognato 일 꼬냐또	호두 나무	il nocciolo 일 노촐로

현대화	la modernizzazione 라 모데르니자찌오네
혈압	la pressione sanguigna 라 쁘레시오네 상귀냐
혈액형	il gruppo sanguigno 일 그룹뽀 상귀뇨
협력	la cooperazione / la collaborazione 라 꼬오뻬라찌오네 / 라 꼴라보라찌오네
형편	la circostanza / la condizione 라 치르꼬스딴짜 / 라 꼰디찌오네
형	il fratello maggiore 일 프라뗄로 마죠레

호두(열매)	la nocciola 라 노촐라
호랑이	la tigre 라 띠그레
호밀	la segala 라 세갈라
호박(광물)	l'ambra 람브라
호박(식물)	la zucca 라 주까
호수	il lago 일 라고
호주머니	la tasca 라 따스까
호출	la chiamata 라 끼아마따
호텔	l'hotel / l'albergo 로뗄 / 랄베르고
호의	la gentilezza / il favore 라 젠띨렛짜 / 일 파보레
호의를 베풀다	dare il favore 다레 일 파보레
홍보를 하다	fare pubblicità 파레 뿌블리치따
화려한	splendido / lussoso 스쁠렌디도 / 루소조
호흡	il respiro 일 레스삐로
혹은	o 오
혼(horn)	il clacson 일 끌락송
혼동하다	confondere 꼰폰데레
홀(hall)	il padiglione 일 빠딜리오네
홀로	solo 솔로
홍수	l'alluvione 랄루뵤네
홍역	il morbillo 일 모르빌로
홍합	la cozza 라 꼿짜

한국어	이탈리아어	한국어	이탈리아어
화(노여움)	l'ira 리라	화장을 하다	truccare 뜨룩까레
화가(화家)	il pittore 일 삣또레	화장지	la carta igienica 라 까르따 이제니까
화가난	arrabbiato 아라비아또	화장품	il cosmetico 일 꼬스메띠꼬
화내다	arrabbiarsi 아라비아르시	화차	il carro merci 일 까로 메르치
화물	il carico 일 까리꼬	화학	la chimica 라 끼미까
화물 자동차	il camion 일 까미온	화학자	il chimico 일 끼미꼬
화산	il vulcano 일 불까노	확대	l'ingrandimento 린그란디멘또
화살	la freccia 라 프렛챠	확대하다	ingrandire 인그란디레
화상	l'ustione 루스띠오네	확신	la convinzione 라 꼰빈찌오네
화요일	il martedì 일 마르떼디	확신하다	convincersi 꼰빈체르시
화장실	il bagno 일 바뇨	확인	la conferma 라 꼰페르마
화장대	la toletta / la toilette 라 똘렛따 / 라 또일렛떼		
환승역	la stazione di cambio 라 스따찌오네 디 깜비오		

확인하다	confermare 꼰페르마레	환자	il paziente 일 빠찌엔떼
환경	l'ambiente 람비엔떼	환전소	l'ufficio cambi 루피쵸 디 깜비
환불	il rimborso 일 림보르소	환전하다	cambiare 깜비아레
환불하다	rimborsare 림보르사레	활	l'arco 라르꼬
환승	il cambio 일 깜삐오	활동	l'attività 랏띠비따
환승하다	cambiare 깜비아레	활주로	la pista 라 삐스따
환어음	la cambiale 라 깜비알레	황새치	il pesce spada 일 뻬쉐 스빠다
환율	il cambio 일 깜비오	회계	la contabilità 라 꼰따빌리따

환영하다	dare il benvenuto 다레 일 벤베누또
환전	il cambio di valuta 일 깜비오 디 발루따
회사원	l'impiegato(남자) / l'impiegata(여자) 림삐에가또 / 림삐에가따
횡단보도	le strisce pedonali 레 스뜨리쉐 뻬도날리
후미등	la luce retromarcia 라 루체 레뜨로마르챠

회사	la ditta 라 딧따
회의, 모임	la riunione 라 리우니오네
회화	la conversazione 라 꼰베르사찌오네
횡단하다	attraversare 아뜨라베르사레
효과	l'effetto 레펫또
효모	il lievito 일 리에비또
후에	dopo 도뽀
후위의	posteriore 뽀스떼리오레
후유증	la conseguenza 라 꼰세구엔짜
후추	il pepe 일 뻬뻬
후행성	la posteriorità 라 뽀스떼리오리따
후회하다	pentirsi 뻰띠르시
훌륭한	bravo 브라보
훔치다	rubare 루바레
훈장	la decorazione / la medaglia 라 데꼬라찌오네 / 라 메달리아
훈제 연어	il salmone affumicato 일 살모네 푸미까또
휴가를 떠나다	andare in vacanza 안다레 인 바깐짜
휴관일	il giorno di chiusura 일 죠르노 디 끼우주라
휴대폰	il cellullare / il telefonino 일 첼룰라레 / 일 뗄레포니노
흑백 필름	la pellicola in bianco e nero 라 뻴레꼴라 인 비앙꼬 에 네로

한국어	이탈리아어	한국어	이탈리아어
휘발유	la benzina 라 벤지나	희극	la commedia 라 꼼메디아
휴가	le vacanze 레 바깐쩨	희망	la speranza 라 스뻬란짜
휴대하다	portare 뽀르따레	희생	il sacrificio 일 사끄리피치오
휴식	il riposo 일 리뽀조	희생자	la vittima 라 빗띠마
휴식시간	i'intervallo 린떼르발르	희생하다	sacrificare 사끄리피까레
휴식을 취하다	riposarsi 리뽀자르시	흰 옷	il vestito bianco 일 베스띠또 비앙꼬
휴지통	il cestino 일 체스띠노	흰색	il colore bianco 일 꼴로레 비앙꼬
흔적	la traccia 라 뜨랏쨔	흰색의	bianco 비앙꼬
흡연 금지	vietato fumare 비에따또 푸마레	히터	il riscaldamento 일 리스깔다멘또
힘			la forza / il potere 라 포르짜 / 일 뽀떼레

부록

- ▶요 일
- ▶달
- ▶숫자 －기수
- ▶숫자-서수
- ▶시간표현
- ▶인사표현

요일

domenica — 일요일
도메니까

lunedì — 월요일
루네디

martedì — 화요일
마르떼디

mercoledì — 수요일
메르꼴레디

giovedì — 목요일
죠베디

venerdì — 금요일
베네르디

sabato — 토요일
사바또

Oggi è lunedì. 옷지 에 루네디	오늘은 월요일이다.
Domani è martedì. 도마니 에 마르떼디	내일은 화요일이다.
Dopodomani è mercoledì. 도뽀도마니 에 메르꼴레디	모레는 수요일이다.

달 (i mesi 月)

gennaio. 젠나이오	1월	**luglio.** 룰리오	7월
febbraio. 페브라이오	2월	**agosto.** 아고스또	8월
marzo. 마르쪼	3월	**settembre.** 세뗌브레	9월
aprile. 아쁘릴레	4월	**ottobre.** 오또브레	10월
maggio. 마죠	5월	**novembre.** 노벰브레	11월
giugno. 쥬뇨	6월	**dicembre.** 디쳄브레	12월

Siamo in aprile.   지금은 4월이다.
시아모 인 아쁘릴레

숫자-기수

1.	uno(un, una) 우노(운, 우나)	11.	undici 운디치
2.	due 두에	12.	dodici 도디치
3.	tre 뜨레	13.	tredici 뜨레디치
4.	quattro 꽈뜨로	14.	quattordici 꽈또르띠치
5.	cinque 칭꿰	15.	quindici 뀐디치
6.	sei 세이	16.	sedici 세디치
7.	sette 셋떼	17.	diciassette 디치아셋떼
8.	otto 옷또	18.	diciotto 디치옷또
9.	nove 노베	19.	diciannove 디치안노베
10.	dieci 디에치	20.	venti 벤띠

#	Italian	Korean
21.	ventuno	벤뚜노
22.	ventidue	벤띠두에
23.	ventitré	벤띠드레
24.	ventiquattro	벤띠꽈뜨로
25.	venticinque	벤띠칭꿰
26.	ventisei	벤띠세이
27.	ventisette	벤띠셋떼
28.	ventotto	벤똣또
29.	ventinove	벤띠노베
30.	trenta	뜨렌따
31.	trentuno	뜨렌뚜노
32.	trentadue	뜨렌따두에
33.	trentatré	뜨렌따뜨레
...		
40.	quaranta	꽈란따
41.	qurantuno	꽈란뚜노
...		
50.	cinquanta	칭꽌따
51.	cinquantuno	칭꽌뚜노
52.	cinquantadue	칭꽌따두에
53.	cinquantatré	칭꽌따뜨레
...		

60.	sessanta 세산따	400.	quattrocento 꽈뜨로첸또
70.	settanta 세딴따	500.	cinquecento 칭꿰첸또
80.	ottanta 오딴따	600.	seicento 세이첸또
90.	novanta 노반따	700.	settecento 셋떼첸또
100.	cento 첸또	800.	ottocento 오또첸또
101.	centouno 첸또우노	900.	novecento 노베첸또
102.	centodue 첸또두에	1000.	mille 밀 레
108.	centootto 첸또오또		
	...		
200.	duecento 두에첸또		
300.	trecento 뜨레첸또		

숫자-서수

primo 쁘리모	첫 번째	sesto 세스또	여섯 번째
secondo 세꼰도	두 번째	settimo 세띠모	일곱 번째
terzo 떼르쪼	세 번째	ottavo 오따보	여덟 번째
quarto 꽈르또	네 번째	nono 노노	아홉 번째
quinto 뀐또	다섯 번째	decimo 데치모	열 번째

undicesimo 운디체지모	열한 번째
dodicesimo 도디체지모	열두 번째
tredicesimo 뜨레디체지모	열세 번째
quattordicesimo 꽈또르디체지모	열네 번째
quindicesimo 뀐디체지모	열다섯 번째

sedicesimo 세디체지모	열여섯 번째
diciassettesimo 디치아세떼지모	열일곱 번째
diciottesimo 디치오떼지모	열여덟 번째
diciannovesimo 디치안노베지모	열아홉 번째
ventesimo 벤떼지모	스무 번째
centesimo 첸떼지모	백 번째
millesimo 밀레지모	천 번째

시간 표현

Che ora è? 께 오라 에?	몇 시입니까?
Che ore sono? 께 오레 소노?	몇 시입니까?
È l'una. 에 루나	1시입니다.
È l'una e dieci. 에 루나 에 디에치	1시 10분입니다.
È l'una e venti. 에 루나 에 벤띠	1시 20분입니다.
Sono le due. 소노 레 두에	2시입니다.
Sono le due e quaranta. 소노 레 두에 에 꽈란따	2시 40분입니다.
È mezzogiorno. 에 메조죠르노	정오입니다.
Sono le sei e mezzo. 소노 레 세이 에 메조	6시 30분입니다.
È mezzanotte. 에 메자노떼	자정입니다.

인사 표현

Ciao! 안녕
챠오!

Salve! 안녕!
살베!

Buon giorno!(= Buon dì! 아침인사) 안녕하세요!
부온 죠르노! 부온 디

Buon pomeriggio 안녕하세요!(점심인사)
부온 뽀메리쬬!

Buona sera! 안녕하세요! (저녁인사)
부오나 세라!

Buona notte! 안녕히 주무세요! (저녁인사)
부오나 놋떼! 안녕하세요!

Buon fine settimana! 주말 잘 보내세요! (주말인사)
부온 피네 쎄띠마나!

Buon appetito! 맛있게 드십시오!
부온 아뻬띠또!

Buon lavoro! 수고하십시오!
부온 라보로!

Buon viaggio! 좋은 여행 하십시오!
부온 비앗죠!

Buon divertimento! 부온 디베르띠멘또!	재미있게 보내세요!
Buon compleanno! 부온 꼼쁠레안노!	생일을 축하합니다!
Buon Natale! 부온 나딸레!	메리 크리스마스!
Buona Pasqua! 부오나 빠스꽈!	즐거운 부활절 보내세요!
Buona fortuna! 부오나 포르뚜나!	행운이 있기를 빕니다!
Arrivederci! 아리베데르치!	또 만나!
Benvenuto! 벤베누또!	어서 오십시오! 잘 오셨습니다! (남자 한 명에게)
Benvenuta! 벤베누따!	어서 오십시오! 잘 오셨습니다! (여자 한 명에게)
Benvenuti! 벤베누띠!	어서 오십시오! 잘 오셨습니다! (남자 여러 명 또는 여러 명의 남녀에게)
Benvenute! 벤베누떼!	어서 오십시오! 잘 오셨습니다! (여자 여러 명에게)

A: Buona fortuna! 부오나 포르뚜나!	행운이 있기를 빌어!
B: Anche a te! 앙께 아 떼!	네게도 마찬가지야!
A: Buon appetito! 부온 아뻬띠또!	맛있게 드세요!
B: Altrettanto! 알뜨레딴또!	당신도 맛있게 드세요!

감사 및 실례 표현

Grazie! 그라찌에!	감사합니다.
Molte grazie! 몰떼 그라찌에!	대단히 감사합니다.
Prego! 쁘레고!	천만에요.
Di niente! 디 니엔떼!	천만에요!
Si figuri! 시 피구리!	별 말씀을요!
Scusa! 스꾸자	실례해! 미안해!
Scusi! 스꾸지!	실례합니다! 미안합니다!

식당에서 주문하기

Scusi! Il menu per favore! 실례합니다! 메뉴 주세요!
스꾸지! 일 메누 뻬르 파보레!

이 식당의 특별 요리는 무엇입니까?
Qual è la specialità della casa?
꽐 레 라 스뻬치알리따 델라 까자?

1차 요리로는 마늘과 올리브유가 들어간 스파게티 주세요
Per primo, gli spaghetti all'aglio e olio.
뻬르 쁘리모, 리 스빠게띠 알알리오 에 올리오

메인 요리로는 삶은 고기 모듬 주세요.
Per secondo, bollito misto.
뻬르 세꼰도, 볼리또 미스또

Per me, il vino rosso. 나에게는 적포도주 주세요.
뻬르 메, 일 비노 롯소

Ben cotto, per favore! 잘 익혀(Well done) 주세요.
벤 꼬또, 뻬르 파보레!

Cotto medio, per favore! 중간 정도로 익혀(Medium) 주세요.
꼬또 메디오, 뻬르 파보레!

부록

Al sangue, per favore! 알 상구에, 뻬르 파보레	아주 살짝 익혀(rare) 주세요.
Niente zucchero, per favore! 니엔떼 쭈께로, 뻬르 파보레!	설탕을 전혀 넣지 마세요.
Poco sale, per favore! 뽀꼬 살레, 뻬르 파보레!	소금을 조금 넣으세요.
Prenderei un tiramisù. 쁘렌데레이 운 띠라미수.	저는 티라미수 먹겠어요.
Prendo un caffè. 쁘렌도 운 카페.	저는 커피 마시겠어요.
Per me, un deca. 뻬르메, 운 데까.	저는 카페인이 없는 커피 마시겠어요.
Per me, un gelato. 뻬르메, 운 젤라또.	저는 아이스크림 먹겠어요.

꿩먹고 알먹는 이탈리아어 첫걸음

이기철 저
46배판 / 242쪽
18,000원(mp3CD)

노래로 배우는 이탈리아어

최보선 저
신국판 / 312쪽
15,000원(CD롬)

독학으로 이탈리아 간다

최보선 저
46배판 / 598쪽
25,000원

동사를 알면 이탈리아어가 보인다

최보선 저
46배판 / 616쪽
28,000원(CD롬)

여행필수 이탈리아어회화

허인 편저
B6 / 288쪽
6,500원

영어대조 이탈리아어 회화

허인 편저
46판 / 224쪽
8,000원
(테이프2개포함 15000원)

입에서 톡 (talk)이탈리아어 (해설강의 mp3CD)

이기철 저

176×248 / 256쪽

18,000원
((mp3CD (회화1,해설강의 CD2))

영어대조 이탈리아어 회화

최보선 저
46판 / 490쪽
30,000원